全国高等商科教育
海峡两岸营销专业能

U0681460

旅游营销实务
测评题库

中国国际商会商业行业商会、台湾行销科学学会 联合主编

经济管理出版社
ECONOMY & MANAGEMENT PUBLISHING HOUSE

北京市版权局著作权合同登记：图字：01-2015-3390 号

图书在版编目（CIP）数据

旅游营销实务测评题库/中国国际商会商业行业商会，台湾行销科学学会联合主编. —北京：经济管理出版社，2015.5
ISBN 978-7-5096-3954-2

Ⅰ.①旅⋯ Ⅱ.①中⋯ ②台⋯ Ⅲ.①旅游市场—市场营销学—资格考试—习题集 Ⅳ.①F590.8-44

中国版本图书馆 CIP 数据核字（2015）第 206052 号

组稿编辑：陈　力
责任编辑：陈　力　赵晓静
责任印制：黄章平
责任校对：张　青

出版发行：经济管理出版社
　　　　　（北京市海淀区北蜂窝 8 号中雅大厦 A 座 11 层 100038）
网　　址：www. E-mp. com. cn
电　　话：(010) 51915602
印　　刷：三河市延风印装有限公司
经　　销：新华书店
开　　本：787mm×1092mm/16
印　　张：6.75
字　　数：147 千字
版　　次：2015 年 9 月第 1 版　2015 年 9 月第 1 次印刷
书　　号：ISBN 978-7-5096-3954-2
定　　价：24.00 元

序　言

　　随着 2010 年海峡两岸经济合作框架协议的签署，海峡两岸的经济合作不断加强。当前海峡两岸关系的改善和发展，促使海峡两岸经济交流合作有了较之以往更好的发展条件和环境，同时海峡两岸对熟悉彼此市场的人才需求也呈现日益增长的趋势。企业在制定营销战略时，不仅要考虑精确的数据、科学的方法，更应该关注营销人才这个因素。可以说目前企业间的竞争不仅局限于产品间的竞争，同时也是营销人才的竞争。但是，目前中国大陆地区营销领域从业人员的专业水准、开拓市场的能力及营销观念等方面与国际相比还有较大差距。在中国经济"新常态"发展环境下，人才需求结构的变化使营销类人才变得更加抢手。

　　2014 年，在诸多就业率较低的专业中，市场营销专业在不少省份均榜上有名。但根据中国人力资源市场网发布的《2014 年第三季度全国部分省市人才服务机构市场供求情况分析报告》显示，与市场营销领域相关的 2014 年第三季度招聘职位包括："市场营销/公关/销售"和"百货/连锁/零售服务"，分别位居人才需求的第 1 位和第 5 位。"市场营销/公关/销售"和"百货/连锁/零售服务"职位占人才招聘总需求的 25.66%。目前，我国正处于经济结构转型不断深化的关键时期，各行业对营销专业人才的需求旺盛。近年来招聘职位数量居高不下，与目前高校营销专业就业率低的现状明显不符，究其原因主要有以下几点。

　　第一，专业目标性有待加强。根据中国大陆地区的普通高校关于营销人才的培养目标来看，市场营销相关从业人员应具有良好的商业品德和营销伦理修养，系统掌握现代营销管理理论与方法，具备分析和解决市场营销实际问题的能力，从而更好地适应经济发展要求。但现阶段大部分高校对市场营销专业人才的培养目标不太明确，造成知识结构博却不精，没有专长，使得市场营销专业学生在自身定位及今后的从业方向上不明确。

　　第二，专业社会实践教学不足。市场营销本科专业是实践性非常强的专业，要培养出现代化、高素质、应用型的专业人才，必须把专业放到市场中去，把课堂延伸到企业中去。中国大陆地区现行的营销教育主要以普通高等教育为阵地，虽然培养出了高素质营销人才，但大多数高等院校的专业课讲授主要以课堂理论教学为主，一些能培养学生专业技能的实际操作环节却无法实现。

而在中国台湾地区，其普通高等教育中关于营销的教学，更注重理论联系实际，推行"产学合一"，即以产业发展要求促进教学改革，以教学人才培养支持产业发展，并推出了得到行业和院校共同认可的营销类证书认证考试项目，在这方面值得中国大陆地区借鉴和学习。

因此，为促进海峡两岸专业人才和专业服务的双向流动，培养与国际接轨并适应行业发展的营销人才，加强海峡两岸人员交流和资格互认等方面的合作。中国国际商会商业行业商会和台湾行销科学学会面向海峡两岸营销从业人员以及高等院校市场营销、工商管理、旅游管理和酒店管理等专业的学生，开展了海峡两岸营销专业能力培训考试项目。考试合格者，由中国国际商会商业行业商会和台湾行销科学学会颁发《海峡两岸营销专业能力证书》。《海峡两岸营销专业能力证书》设置营销策划师和旅游营销师两个专业类别。

此次出版的系列教材是海峡两岸营销专业能力培训考试项目指定教材，共分为三本，分别是《营销管理概论测评题库》、《旅游营销实务测评题库》和《营销策划实务测评题库》。

该系列教材由中国国际商会商业行业商会和台湾行销科学学会共同组织海峡两岸专家学者成立的命题委员会编写。在编写过程中参考了大量专业教材、专著、论文及实践案例，并得到诸多海峡两岸专家学者的指导，在此表示由衷感谢。

相信该系列教材会对海峡两岸营销专业人才的培养做出有益尝试。由于编写时间有限，编者水平有限，教材中难免存在不足之处，敬请各位专家、广大读者和同行批评指正，以便再版时予以修改和完善。

目　录

第一章　旅游营销导论 ·· 001

第二章　产品策略 ·· 011

第三章　定价战略 ·· 021

第四章　通路战略 ·· 033

第五章　销售推广战略 ·· 047

第六章　服务人员管理 ·· 055

第七章　实体环境呈现 ·· 063

第八章　服务流程 ·· 073

第九章　异业结盟 ·· 085

第十章　其他议题（目的地营销、会展营销 MICE 等） ···················· 093

全国营销专业能力考试项目暨海峡两岸营销专业能力考试项目简介 ············ 099

第一章　旅游营销导论

1. 下列哪一项不是有关旅游产业的特性？

A. 季节性　　　　　　B. 综合性　　　　　　C. 单一化　　　　　　D. 易变性

2. 下列哪一项不是影响旅游营销规划的六大环境要素之一？

A. 人口　　　　　　　B. 工业　　　　　　　C. 政治　　　　　　　D. 经济

3. 下列哪一项描述能够正确地说明有关旅行业的特性？

A. 供需稳定　　　　　B. 市场竞争和缓　　　C. 商品无形　　　　　D. 需求弹性小

4. 特殊旅游市场依据特殊兴趣与特殊目的进行区分，下列哪一项描述正确？

A. 特殊目的旅游　　　　　　　　　　　B. 特殊兴趣旅游

C. 特殊产业特性及目标顾客　　　　　　D. 以上皆是

5. 旅游产业在营销规划上不可或缺的重要观念是市场细分，下列哪个步骤为其中之一？

A. 了解市场异质性并加以划分区隔　　　B. 选择目标市场

C. 发展有效品牌定位　　　　　　　　　D. 以上皆是

6. 杨先生想利用农历新年去日本旅游，此种渴望的旅游动机称为_____。

A. 旅游产业　　　　　B. 旅游供应　　　　　C. 旅游需求　　　D. 旅游营销

7. 各单位从事旅游营销的主要目的是什么？

A. 维持并扩大市场份额　　　　　　　　B. 改善旅游地区的形象

C. 提升旅游经济效益　　　　　　　　　D. 以上皆是

8. 下列哪一项不是旅游营销研究的四个重点？

A. 人文性　　　　　　B. 科学性　　　　　　C. 系统性　　　　　　D. 多重信息

9. 国外旅客到国内观光旅游的市场称为_____。

A. Outbound　　　　　B. Inbound　　　　　　C. Local　　　　　　　D. FIT

10. 下列哪一项不是顾客导向企业的营销目标？

A. 最大化顾客满意度　　　　　　　　　B. 提高顾客价值

C. 最大化收益　　　　　　　　　　　　D. 改善关系营销

11. 旅游商依据消费者需求，筹划安排、设计、生产、营销的旅游商品，内容包括运输、饮食、住宿、参观、游览、娱乐等设施与服务，并对外销售，招揽游客组团，前往各地旅游的形式是_____。

A. 自由行   B. 团体包游   C. 批发旅游   D. 以上皆非

12. 迪士尼主题乐园、上海世博馆、上海城市展览馆、东方明珠等属于_____。

A. 人造景观（以吸引观光客为目的）   B. 节庆活动

C. 自然景观   D. 文化遗产

13. 西班牙的斗牛节属于下列哪一类型的观光活动？

A. 学习型文化旅游   B. 文化遗产旅游

C. 事件型旅游   D. 城市景观旅游

14. 关系营销是营销人员用来与顾客、供货商、渠道以及_____建立关系的过程。

A. 零售商   B. 贸易组织   C. 管理人员   D. 股东

15. 旅游市场类型若是依照旅客的国籍来区分，下列哪一项正确？

A. 自驾游   B. 国民旅游   C. 国际旅游   D. 以上皆是

16. 九寨沟景区在长海、镜海等游人较密集的地方建起了20个环保型生态厕所。采用电子监控，自动更换保洁用袋，排泄物通过自动打包后，由专用清洁车运出景区进行处理。这是一种什么营销观念？

A. 产品营销   B. 生产导向营销   C. 需求导向营销   D. 社会营销

17. 由于旅游市场中消费者偏好差异很大，因此没有任何一种产品可以符合所有消费者的偏好，所以必须根据市场细分，并针对不同的市场细分提供不同类型的营销工具。关于市场细分，下列哪一项叙述正确？

A. 分为同质偏好、异质偏好、组织式偏好

B. 分为同质偏好、分散型偏好、集群式偏好

C. 分为同质偏好、分散型偏好、家庭式偏好

D. 分为同质偏好、集中型偏好、团队式偏好

18. 某天出发的一个满额30人的旅游团，如果只销售了25个名额，剩下的5个名额并不能累计到下一个旅游团。这是旅游产品的什么特色？

A. 无形性   B. 不可储存性   C. 多变性   D. 不可分割性

19. 旅游产品包括两大类，下列哪一项正确？

A. 自然与旅游环境   B. 自然与人文环境

C. 都市与旅游环境   D. 都市与人文环境

20. 最能够用来代表观光旅游营销的服务质量的标准是_____。

A. 获利能力   B. 员工流动率   C. 市场份额   D. 顾客再购率

21.《旅游法》的实施对于团体旅游的购物活动有了新的规范，该法规的出台主要体现

了有关部门对于下列哪一项的重视？

  A. 服务质量   B. 消费者满意   C. 市场恶性竞争 D. 以上皆是

22. 万达集团从房地产业跨足到商场以及酒店行业，这是一种什么样的企业战略？

  A. 垂直整合   B. 水平整合   C. 多角化   D. 市场渗透

23. 锦江国际集团是中国规模最大的综合性旅游企业集团之一，以酒店、餐饮服务、旅游、客运业为核心产业。这样的投资配置是下列哪一项企业战略发展方针？

  A. 垂直整合   B. 水平整合   C. 多角化   D. 市场渗透

24. 细分市场的客观基础是_____。

  A. 不同产品的消费需求具有多样性   B. 同一产品的消费需求存在着差异性

  C. 消费者的购买力存在着不同层次   D. 同一产品的生产企业的差异性

25. 有些风景名胜区唯恐失去控制而破坏周围的环境，影响旅游消费者的心理感受，因而对客流量进行控制。这实际上是一种什么样的手段？

  A. 永续营销   B. 反击性营销   C. 同步性营销 D. 抑制性营销

26. 无差异性营销战略的最大优点是_____。

  A. 有利于企业发现新的市场机会   B. 有利于提高企业的对抗能力

  C. 有利于提高企业的竞争优势   D. 降低产品成本

27. 我国旅游业抓住电影《卧虎藏龙》荣获奥斯卡金像奖的大好时机，适时推出了相关的黄山旅游产品。这种旅游产品属于_____。

  A. 商务旅游   B. 学习旅游   C. 主题旅游   D. 探险旅游

28. 旅游需求是指在一定的时间和区域内，特定旅游者群_____购买旅游产品的总量。

  A. 愿意   B. 需要   C. 能够   D. 愿意且能够

29. 下列市场微观细分因素中，不属于人口统计因素的是_____。

  A. 生活形态   B. 人格特质   C. 教育水平   D. 兴趣喜好

30. 旅游消费者如果兴趣、爱好及其他特点很相近，换句话说就是市场类似程度较高时，可采用_____市场战略。

  A. 差异性   B. 无差异   C. 定制化   D. 双叉性

31. 某位旅行社负责人说："无论游客想看什么样的中国古村落，我们只安排乌镇的古村落。"这是一种什么营销思想？

  A. 市场营销观念 B. 推销观念   C. 产品观念   D. 生产观念

32. 产品观念的营销策略与关注重点主要着眼于_____。

  A. 产品的改进   B. 销售与促销   C. 顾客满意   D. 社会福祉

33. 推销观念主张组织必须竭尽所能地进行_____。

A. 改良产品   B. 销售推广   C. 市场调查   D. 追求效率

34. 营销观念主张若想达到组织目标，必须特别关注下列哪一项工作？

A. 拥有良好质量、卓越绩效与创新特质的产品

B. 竭尽所能地进行销售与促销

C. 判断目标市场的需求与需要

D. 维护或改善消费者与社会福祉

35. 下列哪一项是社会营销观念不同于其他营销观念的地方？

A. 强调提供优质产品   B. 强调销售与促销的功能

C. 强调满足市场的需求与需要   D. 强调消费者与社会大众的整体利益

36. 某家旅行业者聘雇大量业务人员，并且通过广告宣传努力推销旅游产品。这属于下列哪一种观念？

A. 产品观念   B. 推销观念   C. 营销观念   D. 社会营销观念

37. 西南航空了解顾客需求，提供较为低廉的机票价格，并且实行更具效率的服务传递流程，以期提高顾客满意度。这属于下列哪一种观念？

A. 产品观念   B. 推销观念   C. 营销观念   D. 社会营销观念

38. 某家旅馆全面禁烟，大量雇用当地劳动力，适当进行废弃物与污水处理，并且依循绿色概念进行能源与空间规划。这属于下列哪一种观念？

A. 产品观念   B. 推销观念   C. 营销观念   D. 社会营销观念

39. 航空公司提供飞行常客计划，借以维系顾客关系。此为通过下列哪一种价值链接建立顾客关系的途径？

A. 财务性利益   B. 社会性利益   C. 结构性利益   D. 比较利益

40. 旅馆与旅行业者的业务人员积极拜访客户，并且提供个性化与个人化的服务与产品，借以维系顾客关系。此为通过下列哪一种价值链接建立顾客关系的途径？

A. 财务性利益   B. 社会性利益   C. 结构性利益   D. 比较利益

41. 服务的无形性是指_____。

A. 购买服务之前，无法看到、尝到、触摸到、听到或闻到服务产品

B. 无法将服务与服务提供商分离开来

C. 服务质量取决于服务提供商，以及服务的时间、地点与方式

D. 服务无法存放留待日后出售或使用

42. 服务的不可分割性是指下列哪一项无法分离？

A. 顾客与其他不同属性的顾客   B. 服务与服务提供商

C. 服务时间   D. 服务地点

43. 下列哪一项不是造成服务多变性的可能因素？

A. 服务提供商　　　　　　　　　　　　　　　B. 服务时间

C. 标准作业流程　　　　　　　　　　　　　　D. 服务地点与方式

44. 旅行业者的业务人员进行推销拜访时，无法带着旅游相关组件进行展示，如机舱座位、旅馆客房与旅游据点。这表明服务具有_____。

A. 无形性　　　　　　B. 不可分割性　　　　　　C. 多变性　　　　　　D. 易逝性

45. 某对情侣可能因为餐厅气氛浪漫选择于此用餐，然而，如果同时坐着一群喧哗的顾客，此对情侣可能大失所望。这表明服务具有_____。

A. 无形性　　　　　　B. 不可分割性　　　　　　C. 多变性　　　　　　D. 易逝性

46. 某位餐厅服务人员平日服务表现向来良好，然而，某日精神状态不佳或者心情不佳，致使服务质量下降。这表明服务具有_____。

A. 无形性　　　　　　B. 不可分割性　　　　　　C. 多变性　　　　　　D. 易逝性

47. 某家拥有 100 间客房旅馆，某晚售出 60 间客房，其余 40 间客房就此闲置，无法留置隔日再行贩卖。这表明服务具有_____。

A. 无形性　　　　　　B. 不可分割性　　　　　　C. 多变性　　　　　　D. 易逝性

48. 下列哪一种做法可以改善服务无形性的负面影响？

A. 改善内部装潢　　　B. 导入自助式服务　　　C. 规划服务蓝图　　　D. 收取订金

49. 下列哪一种餐饮服务类型最能运用服务的不可分割性借以降低人力成本？

A. 宴会服务　　　　　B. 自助餐式服务　　　　C. 客房餐饮服务　　　D. 餐桌服务

50. 下列哪一种做法无法降低服务多变性的负面影响？

A. 服务蓝图　　　　　B. 标准作业流程　　　　C. 员工轮调　　　　　D. 教育训练

51. 下列哪一种做法不是旅游业者用以降低服务易逝性的负面影响？

A. 收取订金　　　　　B. 超额预约　　　　　　C. 营收管理　　　　　D. 工作设计

52. 下列哪一项不是旅游餐旅业者经常用以降低服务多变性与创造一致性的做法？

A. 企业识别系统的设计　　　　　　　　　　　B. 员工聘雇与训练程序的投资

C. 组织服务绩效流程的标准化　　　　　　　　D. 顾客满意度的监控

53. 国内某家餐饮集团提供完善教育训练课程，激励一线服务人员与全体服务人员，同心协力使顾客达到满意。此叙述代表下列哪一种营销类型？

A. 外部营销　　　　　B. 内部营销　　　　　　C. 互动营销　　　　　D. 绿色营销

54. 下列哪一项无法协助旅游餐旅事业经理人员进行产能管理？

A. 促使顾客参与服务传递系统　　　　　　　　B. 交叉训练员工

C. 采用兼职员工　　　　　　　　　　　　　　D. 超额预约

55. 下列哪一项无法协助旅游餐旅事业经理人员进行需求管理？

A. 调整价格　　　　　　　　　　　　　　　　B. 改变服务传递系统

C. 运用预约方式　　　　　　　　　　D. 运用排队等候

56. 国内旅馆与餐饮业者看好年夜饭市场潜力，纷纷投入年夜饭在线订购系统的经营。这属于下列哪一种市场成长策略？

　　A. 同心型或集中型多角化策略　　　B. 水平型多角化策略

　　C. 复合型多角化策略　　　　　　　D. 市场渗透策略

57. Hard Rock 餐厅在店内贩卖印有餐厅标志的服饰，航空公司在机上贩卖客机模型。这属于下列哪一种市场成长策略？

　　A. 同心型或集中型多角化策略　　　B. 水平型多角化策略

　　C. 复合型多角化策略　　　　　　　D. 市场渗透策略

58. 国内某家旅行业者建立自有的游览巴士公司，这属于下列哪一种市场成长策略？

　　A. 后向一体化或向后整合　　　　　B. 前向一体化或向前整合

　　C. 横向一体化或水平整合　　　　　D. 斜面整合

59. 航空公司收购趸售与零售旅行业者，这属于下列哪一种市场成长策略？

　　A. 后向一体化或向后整合　　　　　B. 前向一体化或向前整合

　　C. 横向一体化或水平整合　　　　　D. 斜面整合

60. 下列哪一项的叙述不符合 SWOT 分析中优势的概念？

　　A. 优势的项目多数属于企业外部的因素

　　B. 优势可以协助达成组织目标

　　C. 组织的优势并非持续不变

　　D. 组织的优势可以通过相关资源的投入加以塑造

【章节详解】

1.（C）【题解】旅游产业是一个多样性发展的产业，并非单一化的产业。其他各选项均代表旅游产业的发展特性。

2.（B）【题解】影响旅游营销规划的六大环境：人口、政治、经济、社会文化、科技、自然。

3.（C）【题解】旅行业的特性是供需不稳定，市场竞争激烈，需求弹性很大。但旅行业所提供的核心产品具有高度无形性。

4.（D）【题解】特殊兴趣旅游指的是消费者对于特定主题具有兴趣所安排的旅游产品；特殊目的旅游则是通过旅游达成特定目的，如奖励旅游或会议旅游。

5.（D）【题解】市场细分必须先通过了解市场的异质性，把市场划分成不同区隔，进而选定目标市场并发展定位。

6.（C）【题解】前往外地旅游称为旅游需求。

7.（D）【题解】旅游营销的目的在于改善形象、扩大或维持市场份额，以及提升目的地的经济发展。

8.（A）【题解】营销研究重视利用多重信息，通过系统化与科学化的方式对于特定议题进行研究。

9.（B）【题解】国外旅客到国内旅游为入境（Inbound）旅游。

10.（C）【题解】最大化收益本身并非顾客导向企业的营销目标，而是通过最大化顾客满意、提高顾客价值、强化关系等方式，最终才会有收益提升。

11.（B）【题解】团体包游的特性就在于所有的产品内容均是通过旅游商加以设计。

12.（A）【题解】题干所指均为针对观光客而设计或建造的人造景观。

13.（C）【题解】斗牛节属于事件型旅游，而非学习目的，亦非特定文化遗产或是对于都市参观的都市景观旅游。

14.（A）【题解】关系营销的目的在于以关系建立的方式在供应链的上下游进行关系建立，以提高整体满意度。

15.（C）【题解】以国籍区分的旅客来源是国际旅游。

16.（D）【题解】电子监控、环保生态等目的都是为了强化营销对于社会福祉的贡献，因此为社会营销。

17.（B）【题解】组织偏好、家庭式偏好、团队偏好等，均不是市场细分的形态。

18.（B）【题解】不可储存性意指未经使用的产能无法在未来进行累计。

19.（B）【题解】旅游产品主要以自然环境和人文环境为主。

20.（D）【题解】顾客再购率才是真正能够代表服务营销的服务质量指标。

21.（D）【题解】旅游法的目的在于终结市场恶性竞争、提高服务质量以及消费者满意水平。

22.（C）【题解】多角化是一种跨足非原本产业的做法，垂直整合则是对于供应链上下游进行入股投资。

23.（A）【题解】多角化是一种跨足非原本产业的做法，垂直整合则是对于供应链上下游进行入股投资。

24.（B）【题解】能够对市场进行细分最主要的原因是消费者的需求存在差异。

25.（A）【题解】永续营销的目的在于提高整体旅游风景区的持久性，避免因为短期性的营运目的而破坏长期发展。

26.（D）【题解】无差异营销最大的好处可以通过大量生产来降低产品成本。

27.（C）【题解】所谓的主题旅游是针对特定主题设计与该主题相符的旅游产品。

28.（D）【题解】愿意指的是具有意愿，能够则是具有负担能力，两者合起来才是真正的需求定义。

29.（C）【题解】生活形态、人格特质、兴趣爱好均是心理因素。

30.（B）【题解】市场上的消费者如果兴趣、爱好及其他特点很相近，换句话说就是市场类似程度较高，此时可以采取无差异营销。

31.（C）【题解】产品观念就是指仅推出企业所生产的产品，而不重视消费者所需要的产品究竟为何。

32.（A）【题解】产品观念的营销策略与关注重点主要着眼于产品的改进，以期拥有良好质量、卓越绩效与创新特质的产品。

33.（B）【题解】推销观念主张组织必须竭尽所能地进行销售与促销，否则顾客不会购买更多组织提供的服务与商品。产品的改进是产品观念特别着眼之处。

34.（C）【题解】营销观念主张若想达到组织目标，必须判断目标市场的需求与需要，此外，相较于竞争者更具效益与效率地传递顾客欲求的满意。营销观念强调必须关注目标市场的需求与需要，否则定将无法促使顾客满意。

35.（D）【题解】社会营销观念主张组织必须界定目标市场的需要、欲望与兴趣，并以维护或改善消费者与社会福祉的方式，相较于竞争者更具效益与效率地传递顾客欲求的满意。维护或改善消费者与社会福祉是社会营销观念特别强调与着眼之处。

36.（B）【题解】推销观念主张组织必须竭尽所能地进行销售与促销，否则顾客不会购买更多组织提供的服务与商品。此例强调销售与促销，因此属于推销观念。

37.（C）【题解】营销观念主张若想达到组织目标，必须判断目标市场的需求与需要，此外，相较于竞争者更具效益与效率地传递顾客欲求的满意。此例强调顾客需求与满意，因此属于营销观念。

38.（D）【题解】社会营销观念主张组织必须界定目标市场的需要、欲望与兴趣，并以维护或改善消费者与社会福祉的方式，相较于竞争者更具效益与效率地传递顾客欲求的满意。此例强调消费者与社会福祉，因此属于社会营销观念。

39.（A）【题解】财务性利益主要与财务诱因有关，飞行常客计划可使旅客累计里程，作为免费机票、机位升舱与机场贵宾室等依据，具有财务价值的酬偿。

40.（B）【题解】社会性利益是指可通过企业员工了解个别顾客的需要与企盼的产品或服务，其后再将产品与服务个性化与个人化，借以增强其与顾客的社会连接。

41.（A）【题解】服务的无形性是指购买服务之前，无法看到、尝到、触摸到、听到或闻到服务产品。

42.（B）【题解】服务的不可分割性是指无法分离服务与服务提供商。

43.（C）【题解】服务的多变性或者异质性是指服务质量取决于服务提供商，以及服务的时间、地点与方式。标准作业流程旨在降低服务的多变性或异质性，而非造成多变性与异质性。

44.（A）【题解】服务的无形性是指购买服务以前，无法看到、尝到、触摸到、听到或闻到服务产品。此例强调购买服务前无法感知服务产品，因此属于服务的无形性。

45.（B）【题解】服务的不可分割性是指无法分离服务与服务提供商。不可分割性同时也包括顾客作为服务产品的组成而不可分割。此例强调无法分离其他顾客与服务情境，因此属于服务的不可分割性。

46.（C）【题解】服务的多变性或者异质性是指服务质量取决于服务提供商，以及服务的时间、地点与方式。此例强调服务质量受到服务提供商自身的因素影响，因此属于服务的多变性。

47.（D）【题解】服务的易逝性是指服务无法存放留待日后出售或使用。此例强调购买服务无法存放的特质，因此属于服务的易逝性。

48.（A）【题解】服务的无形性造成的不确定性致使买方经常寻求有形证据，以便提供服务的信息与信心。改善内部装潢旨在提供服务的有形证据，故可改善无形性的负面影响。

49.（B）【题解】服务的不可分割性隐含顾客与员工为服务的共同制造者。自助餐式服务强调共同生产的特质，故为运用不可分割性降低人力成本的实例。

50.（C）【题解】服务的多变性衍生服务质量取决于服务提供商的特性，因此，服务质量因人而异。服务蓝图、标准作业流程与教育训练强调统一服务人员的服务质量，员工轮调则缺乏此特性。

51.（D）【题解】服务的易逝性致使服务无法储存，订金的支付可以大幅提高顾客实际消费的可能性，超额预约可以提高实际使用概率，营收管理可以平衡淡旺季节落差及提高使用与营运状况，唯有工作设计仅能改善工作效率，无法降低服务的易逝性。

52.（A）【题解】企业识别系统（Corporate Identity System，CIS）是提升企业形象、增强企业识别性，以期增加营销利润。因此，规划制作的标准化、规格化、组织化与系统化的整套经营理念、营销策略与视觉传达设计无法用以降低服务多变性与创造一致性。

53.（B）【题解】内部营销是指服务公司提供完善教育训练课程，激励一线服务人员与全体服务人员，同心协力使顾客达到满意。因此，此例属于内部营销。

54.（D）【题解】超额预约旨在进行需求管理，此与"产能管理"无关。

55.（B）【题解】改变服务传递系统旨在进行产能管理，此与"需求管理"无关。

56.（A）【题解】集中型或同心型多角化策略是指企业寻求与既有产品系列有关联或营销综效的产品，即使新产品可能吸引新层级的顾客。此例是具有关联或营销综效的产品，因此属于集中型或同心型多角化策略。

57.（B）【题解】水平型多角化策略是指企业寻求吸引既有顾客的新产品，即使新产品与既有产品毫无技术关联性。此例是吸引既有顾客的新产品，因此属于水平型多角化策略。

58.（A）【题解】向后整合是指与生产或价值传递过程上一步骤的组织整并。此例是面对消费者的旅行业者往上一步骤的游览巴士供货商进行整并，因此，属于向后整合。

59.（B）【题解】趸售旅行业是指专业人员配合整体规划的组织系统，设计易于控制及符合大众旅客需求的现成游程；向前整合是指与生产或价值传递过程下一步骤的组织整并。此例是机位供货商，即航空公司，往下一步骤代售机票给消费者的旅行业者进行整并，因此，属于向前整合。

60.（A）【题解】优势是指协助企业达成目标的内部能力。

第二章 产品策略

1. 奔驰汽车是汽车界的知名品牌，下列哪一项不是奔驰汽车降低成本的战略之一？

A. 同种钢铁制成骨架、车壳等多种零件

B. 加长员工工时，以加速产品生产

C. 在钢铁的生产地设置加工厂

D. 机器产能未完全利用时，可以制造其他类型的零件

2. 美国大联盟赛季期间，职业棒球各队会在主场里贩卖与球队相关的纪念性物品。这类纪念性物品属于下列哪一类产品？

A. 核心产品　　　　B. 基础产品　　　　C. 潜在产品　　　　D. 期望产品

3. 近年雀巢公司推出咖啡胶囊，使民众可以更快速方便地冲泡好咖啡，但在购买各式口味胶囊的同时，须配套购买专门冲泡咖啡胶囊的咖啡机。胶囊咖啡机属于下列哪一种产品？

A. 核心产品　　　　B. 基础产品　　　　C. 潜在产品　　　　D. 期望产品

4. 在篮球运动鞋的各大品牌中，若以市场地位作为比较，下列哪一品牌为市场领导者？

A. Nike　　　　B. Adidas　　　　C. Reeboks　　　　D. 中国强

5. 若某餐厅欲进行营销组合调整，下列哪一项不正确？

A. 推荐最佳组合套餐　　　　　　　B. 当月寿星享有八折优惠

C. 凡点选母亲节特餐，加赠康乃馨一朵　　　D. 更换服务人员

6. 某游览车出租业者为使租用车辆维持较佳质量，必须使用出产年份五年内的车辆。业者依据车辆使用年份依序淘汰出租用车辆为下列哪一种淘汰选项？

A. 继续回到产品线　　B. 分阶段淘汰　　　　C. 用尽存量　　　　D. 立即终止

7. 为应对世界油价上涨，许多车厂开始研发柴油车与油电混合车，市场中的占有比率也逐渐上升，柴油车与油电混合车在市场上快速发展，此为产品周期中的哪一个阶段？

A. 导入期　　　　B. 成长期　　　　C. 成熟期　　　　D. 衰退期

8. 伊拉克地处幼发拉底河，为人类文明的重要发源地，有许多文化旅游资源在全世界

都罕有，客观上对游客极具吸引力，但是该地区由于连年战乱，致使游客不敢贸然前往，观光人数逐年骤降。伊拉克属于旅游产品生命周期的哪一阶段？

A. 导入期　　　　　　B. 成长期　　　　　　C. 成熟期　　　　　　D. 衰退期

9. 遭受亚洲经济风暴冲击时，因为中国台湾地区是以中小企业为主的经济体系，所以在亚洲各地区中受到的冲击小。这是因为中小企业具有下列哪一种特殊性？

A. 需求弹性大　　　　　　　　　　　B. 资本密集且固定成本高

C. 服务时间短暂　　　　　　　　　　D. 强调服务"证据"管理

10. 近年，小米手机在我国可说是刮起一阵廉价旋风，利用消费者对于价格的敏感度而降低产品售价，进一步提高手机在市场的占有率。这是采取下列哪一种战略进攻市场？

A. 吸脂战略　　　　B. 渗透战略　　　　C. 市场修正战略　　　　D. 产品修正战略

11. _____是指受到市场关注，能够购得、使用或消费以满足需要或需求的内容。

A. 产品　　　　　　B. 价格　　　　　　C. 渠道　　　　　　D. 促销

12. 核心产品是指_____。

A. 消费者真正所欲购置的服务或商品

B. 协助顾客使用核心产品的服务或商品

C. 用以增加产品价值，并与竞争产品产生区隔的额外产品

D. 涵盖产品内容与提供方式

13. 辅助产品是指_____。

A. 消费者真正所欲购置的服务或商品

B. 协助顾客使用核心产品的服务或商品

C. 用以增加产品价值，并与竞争产品产生区隔的额外产品

D. 涵盖产品内容与提供方式

14. 旅馆提供住房、退房、电话、餐饮与代客停车等服务。这些服务是旅馆_____。

A. 核心产品　　　　B. 辅助产品　　　　C. 支持产品　　　　D. 引申产品

15. 支持产品是指_____。

A. 消费者真正所欲购置的服务或商品

B. 协助顾客使用核心产品的服务或商品

C. 用以增加产品价值，并与竞争产品产生区隔的额外产品

D. 涵盖产品内容与提供方式

16. 慢跑俨然成为广受欢迎的运动，旅馆特地为喜好慢跑的房客准备旅馆周边慢跑路线的地图，并于大厅提供瓶装饮料，此为_____。

A. 核心产品　　　　B. 辅助产品　　　　C. 支持产品　　　　D. 引申产品

17. 引申产品涵盖_____。

A. 产品内容与品牌商标

B. 顾客参与与顾客满意

C. 产品价值与产品权益

D. 产品内容与提供方式

18. 星期五餐厅善用气氛营造，通过色彩鲜艳的建筑物外观搭配红白相间的雨棚制造亲切气氛，餐厅内墙装饰、服务人员的制服与亲切互动亦同时强化此印象，此为_____。

A. 核心产品　　　B. 辅助产品　　　C. 支持产品　　　D. 引申产品

19. 对于旅馆房客而言，客房属于_____。

A. 核心产品　　　B. 辅助产品　　　C. 支持产品　　　D. 引申产品

20. 下列哪一项产品涵盖范围最广？

A. 核心产品　　　B. 辅助产品　　　C. 支持产品　　　D. 引申产品

21. _____是用来识别卖方的商品或服务，以及与竞争者产生区隔的名称、名词、标志、符号、设计或是以上要素的组合。

A. 产品　　　　　B. 品牌　　　　　C. 商标　　　　　D. 意象

22. 下列哪一项不是品牌所能实现的作用？

A. 协助消费者识别产品来源或制造商

B. 对于独特产品特色或要素提供法律保护

C. 代表某种程度的质量

D. 提高生产效率

23. _____为产品与服务赋予品牌的力量，目的在于创造差异。

A. 产品　　　　　B. 品牌　　　　　C. 商标　　　　　D. 意象

24. 国内某家餐饮连锁集团旗下拥有众多不同品牌，此为_____。

A. 品牌权益　　　B. 品牌承诺　　　C. 多品牌　　　　D. 联合品牌

25. 国内某家旅游集团与某家海外知名度假村与旅游机构合作，彼此结合来改造店面形象，此为下列哪一项的实例？

A. 品牌权益　　　B. 品牌承诺　　　C. 多品牌　　　　D. 联合品牌

26. 为求获得大量新产品的想法，旅游餐旅业者必须依赖特定新产品的想法来源。下列哪一项是目前最为主要的新产品想法来源？

A. 内部来源

B. 顾客

C. 竞争者

D. 分销商与供货商

27. 下列哪一项是新产品开发主要阶段的第一个步骤？

A. 产生想法　　　B. 概念发展与测试　　　C. 市场分析　　　D. 商品化

28. 下列哪一项叙述属于导入期？

A. 产品生命周期第一个阶段

B. 产品快速为市场所接受，利润亦有显著增加

C. 为求对抗竞争增加营销费用

D. 产品利润趋于稳定

29. 下列哪一项不是成熟期阶段的特征？

A. 销售成长缓慢   B. 产品业已获得多数潜在购买者接受

C. 产品快速获得市场接受   D. 为求对抗竞争增加营销费用

30. 下列哪一项是新产品开发主要阶段的最后一个步骤？

A. 产生想法   B. 概念发展与测试   C. 市场分析   D. 商品化

31. 下列哪一项叙述属于成长期？

A. 产品生命周期第一个阶段

B. 产品快速为市场所接受，利润亦有显著增加

C. 为求对抗竞争增加营销费用

D. 产品利润趋于稳定

32. 下列哪一项是衰退期阶段的特征？

A. 销售成长缓慢

B. 利润显著增加

C. 产品利润趋于稳定

D. 产品销售急剧下降，利润亦同时大幅下滑

33. 飞行伞与热气球活动正值发展初期，我国从事这两项活动的人数略低。此为_____的典型特征。

A. 导入期   B. 成长期   C. 成熟期   D. 衰退期

34. 平价旅馆精致的设计感与合理适宜的价格，满足大量经济型旅客的住宿需求，多数传统旅馆业者纷纷转型投入平价旅馆经营。此为_____的典型特征。

A. 导入期   B. 成长期   C. 成熟期   D. 衰退期

35. 观光游乐产业市场渐趋饱和，业者开始通过提供各式优惠门票的促销方案与增加广告曝光进行市场竞争。此为_____的典型特征。

A. 导入期   B. 成长期   C. 成熟期   D. 衰退期

36. 部分观光游乐业者昔日结合户外挑战节目的拍摄，经历一段游客如织的时光，如今游客偏好改变，游园人数大幅下降，营业收入大幅减少。此为_____的典型特征。

A. 导入期   B. 成长期   C. 成熟期   D. 衰退期

37. _____是运用高价策略进行产品的销售，目的在于期盼可以快速回收投资的成本，并使消费者认为该项产品具备较高的质量，愿意采取较高的价格购买该项产品。

A. 吸脂策略　　　　　B. 渗透策略　　　　　C. 市场修正策略　　　　D. 产品修正策略

38. _____是指采取低价策略渗透市场，利用消费者对于价格的高敏感度，进一步提高市场的占有率。

A. 吸脂策略　　　　　B. 渗透策略　　　　　C. 市场修正策略　　　　D. 产品修正策略

39. 中国台湾地区的精品汽车旅馆转向接待来台大陆旅客的住宿业务，此为_____策略。

A. 市场修正　　　　　B. 产品修正　　　　　C. 营销组合调整　　　　D. 维持不变

40. 某家旅馆重新进行客房空间与装潢的设计，试图营造崭新产品与服务的观感，此可称为_____策略。

A. 市场修正　　　　　B. 产品修正　　　　　C. 营销组合调整　　　　D. 维持不变

41. 某家观光游乐业者通过降价优惠、导入崭新主题、置入与开发其他广告活动，试图借此提高销售，此为_____策略。

A. 市场修正　　　　　B. 产品修正　　　　　C. 营销组合调整　　　　D. 维持不变

42. 若从市场地位来看，快餐业的麦当劳、主题游乐园的迪士尼乐园与汽车租赁业的赫兹是_____。

A. 市场领导者　　　　B. 市场跟随者　　　　C. 市场利基者　　　　D. 市场仲裁者

43. 若从市场地位来看，汉堡王与汽车租赁业的埃尔维斯是_____。

A. 市场领导者　　　　B. 市场跟随者　　　　C. 市场利基者　　　　D. 市场仲裁者

44. 若从市场地位来看，甜甜圈专卖店仅仅提供单项甜甜圈的产品，并且拒绝增加其他快餐产品，这是_____。

A. 市场领导者　　　　B. 市场跟随者　　　　C. 市场利基者　　　　D. 市场仲裁者

45. 旅馆业者在宽广的大厅装设巨大水晶吊灯，闪亮的地板上铺设华丽地毯，并以豪华高贵的气派迎接客人莅临，此种景象容易在消费者心中营造高级的象征。此为观光产品的哪一种特殊性？

A. 需求弹性大　　　　　　　　　　　B. 资本密集且固定成本高

C. 服务时间短暂　　　　　　　　　　D. 强调服务"证据"管理

46. 某家汽车租赁业者为使租用车辆维持较佳状态，依据车辆使用年份依序淘汰租用车辆，此为_____。

A. 继续回到产品线　　B. 分阶段淘汰　　　　C. 用尽存量　　　　D. 立即终止

47. 遭受经济环境冲击时，诸如金融风暴、外汇波动与股市低迷，旅游活动热潮均能敏锐且迅速反应于需求层面。此外，旅游需求易受其他外在环境，诸如政治动荡、国际形势与航运便捷等因素影响。此为旅游产品的哪一种特殊性？

A. 需求弹性大　　　　　　　　　　　B. 资本密集且固定成本高

C. 服务时间短暂　　　　　　　　　　　D. 强调服务"证据"管理

48. 某家餐厅每周推出鸡尾酒鲜虾，并与其他餐点一并销售，假若销售状况不甚理想，下列哪一种处置较佳？

A. 继续回到产品线　　B. 分阶段淘汰　　C. 用尽存量　　D. 立即终止

49. 主题乐园经营成本涵盖土地费用、景观设计、游乐设施、人事费用、训练培育与研究等多项支出，因此，固定资产比率较高，业者经常承担极大经营风险。此为旅游产品的哪一种特殊性？

A. 需求弹性大　　　　　　　　　　　　B. 资本密集且固定成本高

C. 服务时间短暂　　　　　　　　　　　D. 强调服务"证据"管理

50. 某家五星级旅馆推出美国安格斯顶级丁骨牛排精致套餐，时逢美国疯牛病肆虐，进口肉商无法提供食用安全无虞的证明文件，亦缺乏相关文件证明此批肉品确实有害健康。此旅馆的经营管理者应该如何进行后续处置？

A. 继续回到产品线　　B. 分阶段淘汰　　C. 用尽存量　　D. 立即终止

【章节详解】

1.（B）【题解】加长工作时间，并不能减少生产成本，反而会降低生产质量及成本增加。此题应了解生产所发生的固定成本要如何减少，即原料可多方面利用、原料生产地设置加工工厂可减少运输费用、机器未使用的产能可支持其他生产线的零件制造。

2.（C）【题解】潜在产品也就是指此种产品最终可能的所有的增加和改变，是企业努力寻求满足顾客并使自己与其他竞争者区别开来的新方法。

3.（D）【题解】期望产品是指符合消费者喜好的，包括价格、方便性以及产品功能表现等各个因素，也就是购买者购买产品时期望的一整套属性和条件。

4.（A）【题解】市场领导者是为业界所熟知，此领导者通常拥有最大市场占有率，同时亦对其他竞争者产生强大影响力，此领导者的影响力经常表现于价格制定、产品标准规格或分销渠道。

5.（D）【题解】营销组合调整为通过改变产品的组合要素以提高销售，并不会改变服务人员，因此答案为（D）。

6.（B）【题解】分阶段淘汰，是依产品先后顺序淘汰。此案例是依产品使用或者导入的先后顺序，依序进行淘汰。因此，应采用分阶段淘汰的决策。

7.（B）【题解】成长期阶段产品快速为市场所接受，利润亦有显著的增加。此例呈现产品广为市场所接受，销售成长快速吸引业者加入的特征。因此，属于成长期。

8.（D）【题解】衰退期阶段产品销售急剧下降，利润亦同时大幅下滑。此例观光人数与营收急剧下降的特征。因此，属于衰退期。

9.（A）【题解】此例分析企业是否易受外在因素影响以了解需求弹性的大小。因此，此例属于需求弹性大。

10.（B）【题解】渗透战略是指采取低价战略渗透市场，利用消费者对于价格敏感度，提高市场占有率。

11.（A）【题解】产品是受到市场关注，能够购得、使用或消费以满足需要或需求。

12.（A）【题解】核心产品是消费者真正所欲购置的服务或商品。

13.（B）【题解】辅助产品是指协助顾客使用核心产品的服务或商品。

14.（B）【题解】辅助产品是指协助顾客使用核心产品的服务或商品。此例强调协助顾客使用的服务。因此，属于辅助产品。

15.（C）【题解】支持产品是指用以增加产品价值，并与竞争产品产生区隔的额外产品。

16.（C）【题解】支持产品是用以增加产品价值，并与竞争产品产生区隔的额外产品。此例强调增加产品价值。因此，属于支持产品。

17.（D）【题解】引申产品包含产品内容与提供方式，涵盖可近性、气氛、顾客与服务提供商的互动、顾客参与以及顾客彼此间的互动，上述要素结合核心、辅助与支持产品，成为引申产品。

18.（D）【题解】引申产品包含产品内容与提供方式，涵盖可近性、气氛、顾客与服务提供商的互动、顾客参与，以及顾客彼此间的互动，上述要素结合核心、辅助与支持产品，成为引申产品。此例强调气氛与服务互动，因此，属于引申产品。

19.（A）【题解】核心产品是消费者真正所欲购置的服务或商品。此例强调消费者主要购置的服务。因此，属于核心产品。

20.（D）【题解】引申产品包含产品内容与提供方式，涵盖可近性、气氛、顾客与服务提供商的互动、顾客参与，以及顾客彼此间的互动，上述要素结合核心、辅助与支持产品，成为引申产品。因此，引申产品涵盖范围最广。

21.（B）【题解】品牌是用来识别卖方的商品或服务，以及与竞争者产生区隔的名称、名词、标志、符号、设计或是以上要素的组合。

22.（D）【题解】品牌可以协助消费者识别产品来源或制造商，对于独特产品特色或要素提供法律保护，以及代表某种程度的质量。然而，似乎难以提高生产效率。

23.（C）【题解】商标赋予产品与服务品牌的力量，目的在于创造差异。

24.（C）【题解】多品牌是集团内拥有不同品牌进行运作。因此，此例即为多品牌的实例。

25.（D）【题解】联合品牌的概念与多品牌类似，区别是联合品牌大多不是单一业主经营。

26.（A）【题解】依据 Kotler，Bowen 和 Makens（2010）所著的 *Marketing for Hospitality and*

Tourism（*5th Eds.*）一书指出，企业内部迄今依然是新产品想法的主要来源（55%）。

27.（A）【题解】新产品开发的主要阶段依序是产生想法、筛选想法、概念发展与测试、营销策略、市场分析、产品开发、测试营销、商品化。

28.（A）【题解】导入期是产品导入市场后，销售成长呈现缓慢的时期。

29.（C）【题解】成熟期是产品销售成长缓慢时期。由于产品业已获得多数潜在购买者接受，产品利润趋于稳定，可能为追求对抗竞争增加营销费用，导致利润降低。

30.（D）【题解】新产品开发的主要阶段依序是产生想法、筛选想法、概念发展与测试、营销策略、市场分析、产品开发、测试营销、商品化。

31.（B）【题解】成长期阶段产品快速为市场接受，利润亦有显著增加。

32.（D）【题解】衰退期阶段产品销售急剧下降，利润亦同时大幅下滑。

33.（A）【题解】导入期是产品导入市场后，销售成长呈现缓慢的时期。此例属于产品进入市场初期，销售成长尚显缓慢的时期。因此，属于导入期。

34.（B）【题解】成长期阶段产品快速为市场接受，利润亦有显著的增加。此例呈现产品广为市场接受，销售成长快速吸引业者加入的特征。因此，属于成长期。

35.（C）【题解】成熟期是产品销售成长缓慢的时期。由于产品业已获得多数潜在购买者接受，产品利润趋于稳定，可能为追求对抗竞争增加营销费用，导致利润降低。此例符合市场饱和、成长不易的特征。因此，属于成熟期。

36.（D）【题解】衰退期阶段产品销售急剧下降，利润亦同时大幅下滑。此例符合产品销售与营业收入急剧下降的特征。因此，属于衰退期。

37.（A）【题解】吸脂策略是运用高价策略进行产品的销售，目的在于企盼可以快速回收投资的成本，并使消费者认为该项产品具备较高的质量，愿意采取较高的价格购买该项产品。

38.（B）【题解】渗透策略是指采取低价策略渗透市场，利用消费者对于价格的高敏感度，进一步提高市场的占有率。

39.（A）【题解】市场修正旨在寻求新使用者与新市场区隔，并使既有消费者扩大使用量。此例是在寻求新使用者与新市场区隔。因此，属于市场修正策略。

40.（B）【题解】产品修正旨在借由改变产品特质、质量、特色与风格提升销售。此例是在改变产品特质、质量、特色与风格。因此，属于产品修正策略。

41.（C）【题解】营销组合调整旨在通过改变一项或多项组合要素提高销售。

42.（A）【题解】多数产业均具一个最为业界所熟知的市场领导者，此领导者通常拥有最大市场占有率，同时亦对其他竞争者产生强大影响力，此影响力经常表现于价格的制定、产品的标准规格或分销渠道。快餐业的麦当劳、主题游乐园的迪士尼乐园与汽车租赁业的赫兹即为著名的领导者。

43.（B）【题解】市场跟随者是指位居产业中的第二位、第三位或名次更低的业者，上述业者实力虽然不是领导者，然而，依旧具有足够的资源、企图心与运筹帷幄的能力，汉堡王与汽车租赁业的埃尔维斯即为著名市场跟随者。

44.（C）【题解】市场利基者是指每种产业均有一些小型企业经营者，上述业者市场占有率不高，公司规模较小，然而，亦可存于各大企业间，生存的道路即为寻求大型企业忽略或放弃的区隔市场，同时提供有效的专业服务，以期占领安全且可获利的市场利基。甜甜圈专卖店仅仅提供单项甜甜圈的产品，并且拒绝增加其他快餐产品即为一例。

45.（D）【题解】此例强调实体服务环境的营造。因此，属于强调服务"证据"管理。

46.（B）【题解】分阶段淘汰是依产品先后顺序淘汰。此例依产品使用或者导入的先后顺序，依序进行淘汰。因此，应采用分阶段淘汰的决策。

47.（A）【题解】此例强调需求易受外在因素影响。因此，属于需求弹性大。

48.（C）【题解】假若特定品项的销售金额偏低与成本超过收益时，可采用用尽存量（Run-out）。此案例属于销售金额偏低与成本超过收益的状态。因此，应采用用尽存量的决策。

49.（B）【题解】此例强调经营成本甚高，且以固定资本比例尤高。因此，属于资本密集且固定成本高。

50.（D）【题解】立即终止通常是在产品可能造成危害或抱怨时，最好立即淘汰此项产品。此例存在产品可能造成危害的疑虑。因此，应采用立即终止的决策。

第三章 定价战略

1. 王品集团下各品牌若以租用二楼店面而非传统的一楼作为租金节省的一种方式，且与房东签订三年房屋租赁契约，主要目的为节省下列哪一种成本？

A. 变动成本　　　　　B. 人事成本　　　　　C. 固定成本　　　　　D. 以上皆非

2. 在百货公司内开立餐厅，百货公司收取餐厅每月营业额 10% 作为租金。该租金收取方式归类为餐厅的下列哪一种成本？

A. 变动成本　　　　　B. 人事成本　　　　　C. 固定成本　　　　　D. 以上皆非

3. 若餐厅以部分兼职人员取代部分正职人员的做法将使损益平衡点（盈亏平衡点）的销售量_____。

A. 不变　　　　　　　B. 变高　　　　　　　C. 变低　　　　　　　D. 以上皆非

4. 餐厅业的定价方式以询问消费者对于特定产品价格的范围作为产品最终价格制定方式，称为下列哪一种定价法？

A. 成本加成方法　　　B. 需求导向定价法　　C. 中位定价法　　　　D. 抽脂定价法

5. 屈臣氏（Watson）连锁店的各分店常常会在周六针对特定商品满额再打折，这种定价方式属于下列哪一种定价法？

A. Return on Investment（ROI）定价　　　　　B. 渗透定价

C. 廉价招揽品定价法　　　　　　　　　　　　　D. 竞争者定价

6. 关于价值定价法的定义，下列哪一项正确？

A. 依照产品成本加成定价　　　　　　　　　　　B. 依照企业经营所需利润定价

C. 依照卖方认定价值定价　　　　　　　　　　　D. 依照买方认定价值定价

7. 下列哪一种定价方式不是市场定价法？

A. Return on Investment（ROI）定价　　　　　B. 渗透定价

C. 廉价招揽品定价法　　　　　　　　　　　　　D. 竞争者定价

8. 应用差别定价法中根据客户的持续消费累计的红利积点而给予折扣的方法是一种因为下列哪一种特性而给予的差别定价？

A. 销售地点　　　　　　　　　　　　　　　　　B. 顾客特性

C. 产品差异   D. 淡旺季季节特性

9. 假设在上海柏悦酒店世纪 100 餐厅用餐，同样菜色的套餐定价较外滩区的用餐价格高，这是因为下列哪一种因素而采取的差别定价？

A. 销售地点   B. 顾客特性

C. 产品差异   D. 淡旺季季节特性

10. 假设中国广州长隆酒店的观景房因窗外可以直接观赏到白虎生活状况，因此客房经理制定较高价格，这是因为下列哪一种因素而采取的差别定价？

A. 销售地点   B. 顾客特性

C. 产品差异   D. 淡旺季季节特性

11. 假设北京希尔顿（Hilton）酒店为了增加住房率，周六日特惠给予当地人优惠房价，这是因为下列哪一种因素而采取的差别定价？

A. 销售地点   B. 顾客特性

C. 产品差异   D. 淡旺季季节特性

12. 通常通过旅行社预订旅游酒店的房价可以有差别定价的原因为下列哪一项？

A. 总成本随着数量增加而提高   B. 买越多需要付出越高

C. 单位成本可以因为数量增加而减少   D. 淡旺季季节特性

13. 关于影响各销售渠道客房净营收的净房价产出率（Net ADR Yield）的因素，下列哪一项不正确？

A. 标准房价   B. 渠道佣金   C. 客房数量   D. 顾客性别

14. 廉价航空以低价位机票吸引更多的消费者购买，进而取得更多市场占有率。这属于下列哪一种战略方式？

A. 低风险战略   B. 复合式战略   C. 渗透战略   D. 联盟战略

15. 若今日上海市新滨铁板烧贩卖两种产品 A 与 B，一个月的固定成本为 800 元，产品 A 单位变动成本为 8 元，单位售价为 16 元，产品 B 单位变动成本为 12 元，单位售价为 36 元，月历史数据显示销售比率 A:B = 2:1。下列哪一项不是降低到一个月损益平衡点最低销售量的方法？

A. 提高产品售价   B. 原先正式员工改聘计时员工

C. 增加促销方案   D. 降低固定成本

16. 假设麦当劳推出"二块炸鸡＋一杯小可乐"套餐，套餐售价较分别单价加总更低。此为下列哪一种差别定价战略？

A. 捆绑式营销   B. 数量折扣

C. 产品差异   D. 淡旺季季节特性

17. 假设迪士尼乐园的经营者想要分散周末的人潮，提高平日的营收水平，下列哪一种定价战略较不宜？

  A. 平日入场加赠电影票一人一张　 B. 入门票周末 290 元，平日 240 元

  C. 特别在平日时段推出不同的组合套票　 D. 平日四人同行一人免费，周末则无

  18. 中国东莞观澜湖度假酒店营收经理认为，"降价对提高客房销售有正面帮助的功能"。他的这个观点的理由是基于＿＿＿＿＿＿＿＿＿＿。

  A. 价格弹性低　 B. 价格弹性高　 C. 供给弹性低　 D. 供给弹性高

  19. 假设全日空旗下廉价航空品牌"香草航空"，新推出一条东京—上海的航线，为增加销售，初期甚至强打超低价 1 元机票进行销售。此种做法属于下列哪一种定价战略？

  A. 最低价格保证定价　 B. 心理定价

  C. 渗透定价　 D. 吸脂定价

  20. 假设元定食连锁餐厅采用菜单工程来分析菜单项目的畅销程度与获利性，被划分为畅销程度高但是获利性低的菜单项目群，应该如何改善定价战略，才不至于拖垮整家餐厅的获利性？

  A. 促销战略　 B. 伴随获利性高的产品捆绑贩卖

  C. 伴随获利性低的产品捆绑贩卖　 D. 降价战略

  21. 在酒店管理中，除了销售既有客房租赁收入与餐饮收入外，想尽办法增加会员会费收入与会议展览场地收入的工作。这属于下列哪一项管理工作？

  A. 人资管理　 B. 营收管理　 C. 财务管理　 D. 数据管理

  22. 有关营业收入与获利程度差别的叙述，下列哪一项不正确？

  A. 营业收入与产出成正比

  B. 营业收入与利润成正比

  C. 利润简单而言等于营业收入减去成本与费用

  D. 促销活动不一定增加企业获利

  23. 假设北京希尔顿（Hilton）酒店采用最后一刻定价法（Last Minute Pricing），那么其目的在于克服酒店客房产品的哪一种特性？

  A. 无形性　 B. 不可分割性　 C. 不可储存性　 D. 易变性

  24. 假设瓦城餐厅在百货公司内新设分店，向百货公司争取租金以营业收入的一定百分比作为付款金额。下列哪一项不属于其主要目的？

  A. 将固定成本转为变动成本　 B. 将租金成本降低

  C. 与百货公司联盟共同争取客源　 D. 争取损益平衡点的销售量降低

  25. 中国广州长隆酒店为主打与野生动物共同度假的酒店，其房价较周边商务型酒店的定价高。此为下列哪一种定价法？

  A. 成本加成方法　 B. 需求导向定价法

C. 中位定价法   D. 抽脂定价法

26. 一个旅游产品的"价值"单位应具有下列哪一项功能？

A. 能满足消费者需要及需求

B. 能明显反映此买方一个或多个需要因素

C. 买卖双方同意此产品及服务的价值，可以用此价格来表达

D. 以上皆是

27. 通过特别高价的行程吸引消费者的目光，或使消费者觉得此产品应具有较高的质量或服务。这属于下列哪一种定价？

A. 畸零定价   B. 名望定价   C. 习惯性定价   D. 心理定价

28. 中国国际航空于夜间时段有一班飞往罗马的"红眼航班"（Red-eye Flight），其机票价格相对于其他时段较为低廉。下列有关中国国际航空定价战略的描述哪一项正确？

A. 是依地理区域的不同而划分

B. 属特殊事件定价

C. 属差别定价

D. 单纯为中国国际航空给乘客的一种回馈方式

29. 某旅行社推出"十二天法国深度旅行行程"，其价格明显高于其他旅行社。下列哪一项较不可能为其当初的定价目的？

A. 创新战略   B. 维持企业永续经营

C. 差异化   D. 质量导向

30. 喜来登大饭店有以下几种房型：卓越客房（400元+10%）、豪华客房（500元+10%）、行政套房（600元+10%）、景隅套房（700元+10%），定价依房型而有所差异。上述内容说明下列哪一种定价战略？

A. 差别定价   B. 按顾客知觉价值定价

C. 产品包裹定价   D. 产品线定价

31. 由黔东南旅行社所推出的瑞士深度旅游，其售价明显高于市场上其他竞争者所推出的产品，却依然造成抢购。该旅行社所采用的是下列哪一项定价战略？

A. 现行价格定价   B. 吸脂定价   C. 促销定价   D. 产品包裹定价

32. 雄狮旅行社推出限量精致的"环球六十天超值行程"，并且制定极高的售价，这是采用下列哪一种定价战略？

A. 知觉价值   B. 最大化利润   C. 最大化市场成长   D. 促销定价

33. 7-ELEVEN举办"City Café咖啡集点活动"集满9点免费兑换任一中杯饮品，这是下列哪一种促销方式？

A. 功能性折扣   B. 促销折扣   C. 累积式数量折扣   D. 特殊事件折扣

34. 欧洲廉价航空 RYANAIR 新推出一条东欧二线城市的航线，为增加销售，初期甚至强打超低价 1 欧元机票进行销售。此种做法应属于下列哪一种定价战略？

    A. 最低价格保证定价   B. 心理定价   C. 渗透定价   D. 吸脂定价

35. 海南本土旅行社争相竞接岛外旅游团体，竞争导致零团费甚至负团费这一现象。下列哪一项为旅游企业在旅游产品定价时的考虑角度？

    A. 增强产品吸引力   B. 争夺更多的市场份额

    C. 恶性价格竞争   D. 以上皆是

36. 影响旅游消费结构的因素，下列哪一项不正确？

    A. 旅游者的收入水平   B. 旅游产品的营销战略

    C. 旅游产品的价格   D. 旅游者的消费心理与消费习惯

37. 将"处变"视为"处常"，而能以平常心面对问题或危机的是指_____。

    A. 交叉战略   B. 联盟战略   C. 造钟战略   D. 攻击战略

38. "诚品书店"以销售书籍为主轴，结合百货、餐饮和精品等，形成新形态的购物中心，反响很成功。根据上述叙述，可知诚品书店采取的是下列哪一种战略？

    A. 复合式战略   B. 领先战略   C. 个人化战略   D. 扭转战略

39. 旅行社多会预购大量的飞机票或游轮票，并且以较优的折扣购得，降低机票进价成本。这属于下列哪一种战略？

    A. 批量作价战略   B. 抬价制量战略   C. 渗透战略   D. 联盟战略

40. 中国台湾的阳明山樱花季通常于农历过年期间开始，但若消费者急于三月下旬至五月中旬去其他地区赏樱，就得付出较高的旅游成本，为此业者也将提高商品价格来抑制需求。这属于下列哪一种战略？

    A. 批量作价战略   B. 抬价制量战略   C. 简单战略   D. 低风险战略

41. 多数旅行社的"主题旅游"皆有赖于创新及技术的研发，使产品或服务既独特且具有价值，如节奏旅行社近期所推出的"南美最古老庆典·印加帝国太阳祭"，其售价接近 6000 元。这种情况属于下列哪一种战略？

    A. 渗透战略   B. 复合式战略   C. 差异化战略   D. 公益战略

42. 美国知名旅游网站 Travelocity 是以_____竞争优势在市场上占有一席之地的？

    A. 价格与人员   B. 人员与规模   C. 价格与规模   D. 以上皆非

43. 下列根据美国旅游网站 Priceline 的描述，哪一项不正确？

    A. 标榜"你出价，我办到"

    B. 利用"最后一分钟销售"与航空公司谈判，创造议价空间

    C. 为旅客找出他们所希望购买的最优惠产品

D. 经营模式同 Travelocity

44. 下列有关"餐饮折扣优惠定价战略"的描述，哪一项不正确？

A. 折扣定价战略：利用消费者乐于享受各种优惠待遇的心理需求而制定的

B. 时段定价战略：根据客人就餐的不同季节、日期、时间等采取不同层次的优惠价格战略

C. 地点定价战略：一种目前流行起来的按地点定价的优惠战略，也叫分价消费

D. 团体优惠定价战略：好好把握住客人，可运用累积数量的方法，吸引顾客继续上门

45. 在旅行业本业利润微薄的情况下，可以创造业外收入的最佳渠道，但相对风险也提高。这属于下列哪一种管理所考虑的内容？

A. 人力资源管理　　B. 营收管理　　C. 财务管理　　D. 数据管理

46. 尽量将价格压低，采取低价位吸引多数的消费者，取得市场优势，此为_____。

A. 渗透战略　　B. 公益战略　　C. 造钟战略　　D. 联盟战略

47. 以现有的客户为基础，运用相关数据及纵横交错的人际关系，借以寻找新客户、开拓新市场或销售新产品。这是指下列哪一项战略？

A. 量价战略　　B. 价量战略　　C. 交叉战略　　D. 扭转战略

48. 美国航空（American Airlines）发展出一系列的暂时优势，成为航空业的领导者。下列对其所发展出的"创新"的叙述，哪一项不正确？

A. 在 1981 年 5 月推出飞航常客计划

B. 首度与银行合作推出可以累计飞航常客里程数的信用卡

C. 1990 年，提供飞航常客里程数其他兑换项目，包括汽车、计算机、珠宝和金融服务的折扣

D. 针对横越大西洋的欧美航线，提供超级宽敞的座位、个人专属录放机、龙虾大餐和赢得大奖的葡萄酒为号召

49. 关于网络销售对于旅行社扩张市场的成效，下列选项哪一项不正确？

A. 提高搜寻的成本　　　　　　　　B. 增加顾客的购买倾向

C. 加强目标销售的能力　　　　　　D. 提高产品和服务的个别化

50. 分析旅行社产业变迁趋势中"大型旅行业"的竞争战略，下列哪一项不正确？

A. 定位为小区型渠道　　　　　　　B. 发展全省连锁加盟店

C. 积极塑造公司专业形象　　　　　D. 专属个人化旅游商品

51. 降价无法解决价格竞争的问题，下列对于降价的描述哪一项较不适宜？

A. 容易被同业以相同手法作为号召

B. 当恢复正常价格时消费者可能就不再光顾了

C. 不一定资本雄厚的旅行业者才能运用此战略

D. 容易导致旅游商品的偷工减料

52. 天天旅行社推出一款团体套装旅游商品，价格比自助旅行的花费更低，甚至比FIT（Foreign Independent Tourist）订位的结果更显便宜。上述文字所指的意思是下列哪一项？

A. 只是旅行社的销售手法　　　　　　B. 建议参加自助旅行

C. 强调此款团体套装旅游商品物超所值　　D. FIT 订位很不便利

53. 对于近年兴起的医疗旅游商机，除了各大医院看好外，旅行社也都看准了此市场的商机无限。对此医疗旅游的现象，下列哪一项不正确？

A. 国际医疗旅游是最高价值的健康产业

B. 与欧美等发达国家相比，北京医疗旅游价格相对昂贵

C. 目前亚洲各国发展医疗旅游，具成效的国家包括新加坡、马来西亚、韩国、泰国等

D. 中国国内许多大型综合医院尚未得到世界医疗界认可，不利于医疗旅游的发展

54. 全美排名第一的在线旅游公司 Expedia，同时也是世界在线旅游公司的先驱。下列对 Expedia 的描述，哪一项不正确？

A. 最主要投资方为微软公司

B. 当用户在网站上预订机票时，Expedia 即会收取预订费用

C. 在美国、意大利以及英国等地较为盛行

D. 签署大量自创品牌分销协议

55. 知名旅游网站在经营模式上有许多共同特点，下列哪一项不正确？

A. 大型知名旅游网站不一定具有较大的生存空间

B. 旅游信息的质量、数量应准确丰富

C. 定制化的个人服务

D. 进入品牌竞争阶段

56. 陈先生打算"五一"假期期间，赴台湾地区旅游并支付 15000 元的团费，然而，甲组团社在出发前 14 日至 7 日才告知陈先生取消出团。依据大陆居民赴台湾地区旅游合同，陈先生至少可向甲组团社请求多少赔偿金？

A. 15000 元　　　　B. 2250 元　　　　C. 1500 元　　　　D. 750 元

【章节详解】

1.（C）【题解】租用二楼店面而非传统的一楼作为租金节省的一种方式，主要为节省固定成本。

2.（A）【题解】经租金改为以营业额的百分比作为收取方式，租金将成为变动成本。

3.（C）【题解】固定成本将转为变动成本，使固定成本降低。

4.（B）【题解】询问消费者对于某种特定商品的价格接受程度称为需求导向定价法。

5.（C）【题解】为吸引顾客而亏本出售的商品称为廉价招揽品定价法。

6.（D）【题解】买方认知价值作为定价基础的定价方式。

7.（A）【题解】答案中仅有（A）并非依照市场状况或市场占有率考虑的定价方式。

8.（B）【题解】差别定价的原因中因为忠诚度较高的特性给予较优惠的价格。

9.（A）【题解】差别定价的原因中因为用餐地点拥有绝佳视野与优越感的特性，餐厅可给予较高的差别定价。

10.（C）【题解】差别定价的原因中因为产品可观赏较多元化景色的特性，虽然房型相同，可因产品版本差异给予较高的差别定价。

11.（D）【题解】差别定价的原因中因为酒店的住房状况以周一至周五的商务客居多，因此针对住房率较低的周末假日可给予较低的差别定价。

12.（C）【题解】通过旅行社订定客房，可因旅行社大量订购而有数量折扣，使单位成本下降的优势。

13.（D）【题解】客房数量/标准房价=净房价产出率，客房数量=标准房价–渠道佣金。

14.（C）【题解】渗透战略指在现有产品和市场，努力提高销售，并扩大市场占有率，如提供优惠产品，吸引顾客购买。

15.（C）【题解】由损益平衡点的计算公式得知，降低固定成本与提高边际收益可以降低达成损益平衡点的销售量。

16.（A）【题解】差别定价的原因中因为将不同种产品捆绑在一起销售而有折扣，称为捆绑式营销。

17.（A）【题解】（A）的操作有风险，因为有可能损及顾客对主题乐园的价值感。

18.（B）【题解】市场需求为产品价格的外部影响因素，当市场需求价格弹性高时，采取降价措施将对销售成长较有利。

19.（C）【题解】渗透定价是在新产品的导入期，尽量以低价销售，目的是尽快抢占市场占有率。

20.（B）【题解】菜单工程分析帮助经营者分析菜单项目畅销程度与获利性，被划分为畅销程度高但是获利性低的菜单项目群，应该与伴随获利性高的产品捆绑贩卖，以提高获利程度。

21.（B）【题解】营收管理是在供给容量限制下，找到营收最大化的组合客户的需求，追求企业最大的营业收入组合。

22.（B）【题解】营收管理是在供给容量限制下，找到营收最大化的组合客户的需求，追求企业最大的营业收入组合。

23.（C）【题解】最后一刻定价法主要是因服务产品会随时间消逝的特性而发展出的定价法。

24.（B）【题解】租金为营业收入的一定百分比可将固定成本转为变动成本。

25.（D）【题解】抽脂定价法为首先进入市场的领导者采用的定价方式，因取得领先优势，可以采取较高价格战略。

26.（D）【题解】当消费者同意产品的价值或价格时，亦表示其产品是能够满足消费者本身的需要及需求。

27.（B）【题解】名望定价是指企业特意提高产品的价格，以彰显其声望与地位，且足以衬托出产品拥有者的格调与身份。

28.（C）【题解】差别定价是指同一产品或服务以不同的价格（两种或以上）售予顾客，并且价格差异与成本并无直接关联。"红眼航班"是指在深夜至凌晨时段飞行，并于第二天清晨至早上抵达飞航目的地。

29.（B）【题解】当产品有特色、有差异，且难以被替代时，定价自然提升。

30.（D）【题解】产品线定价时，企业常会精心设计几个价格点，然后以价格点与价格点所链接的价格带为基础，思考产品线旗下的不同产品应置于哪个价格带上。

31.（B）【题解】吸脂定价是指当产品质量及形象能够支持较高价格时，企业可使用吸脂定价取得较高利润。

32.（A）【题解】知觉价值定价的关键为购买者的价值知觉，非销售者的成本，也就是在顾客的认知里，究竟愿意花多少钱购买产品。

33.（C）【题解】累积式数量折扣并不强制规定消费者要一次购足某数量，消费者可于一定期间内对特定商品累积购买至厂商规定的数量标准，即可享有优惠。此种促销方式旨在增强消费者的忠诚度。

34.（C）【题解】渗透定价是在新产品的导入期，尽量以低价销售，目的是尽快抢占市场占有率。

35.（D）【题解】若旅游产品形式较单一，在特点、质量、内容等方面没有明显差别，为了争夺更多的市场份额，旅游企业只能从价格入手，通过削价增强产品吸引力，形成恶性价格竞争。

36.（B）【题解】影响旅游消费结构的因素：旅游者的收入水平、旅游者的消费心理与消费习惯、旅游者构成、旅游产品的结构、旅游产品的价格以及旅游产品的质量。

37.（C）【题解】造钟战略（Make Clock Strategy）是构建一套有制度、能持续运作的机制，而非问题来临时才敲钟的公司。此即新加坡航空所采取的战略之一。

38.（A）【题解】所谓复合式战略，由字义上看应有"多元化"、"多角化"、"多样化"等意，是相对于"单一"或"焦点战略"而言。

39. (A)【题解】批量作价战略(Measure-price Strategy),指的是大量进货、降低成本,也就是"以量制价"。

40. (B)【题解】抬价制量战略(Price-measure Strategy)多半运用在"求过于供"时,以提高价格来抑制需求。

41. (C)【题解】差异化战略是一种独一无二的产品或服务,竞争者无法在短期内模仿或复制,自然可以以较高的价格赚取更多的利润。

42. (C)【题解】Travelocity网站功能除了有机票、订房及套装行程,目前新增了最后一分钟套装旅游产品(Last Minute Packages)、节庆活动旅游产品(Activities)及网友经验分享(Expeience Finder)等,以价格和规模占有市场优势。

43. (D)【题解】美国旅游网站Priceline为以量取胜,强调计划旅游的经营模式。

44. (D)【题解】团体优惠定价战略是采用"以量定价"的方法。销售的数量多将会降低单位餐饮成本,故有降低价格的空间。

45. (B)【题解】营收管理是指在供给容量限制下,找到营收最大化的组合客户的需求,追求企业最大的利润与收益。

46. (A)【题解】渗透战略是指在现有产品和现有市场的基础上,努力增加销售,维持和提高市场占有率,如加大促销、提供优惠产品,吸引现有顾客重复、多样购买,以争取潜在顾客。

47. (C)【题解】交叉战略也被称为关系战略,另一种意义则是引诱客户在同一品牌家族中购买数种产品或是在一家旅行社购买数个不同部门的产品。

48. (B)【题解】1987年,追随其他航空公司的脚步,美国航空与花旗银行(Citibank)合作推出可以累计飞航常客里程数的信用卡。

49. (A)【题解】(A)应改为降低搜寻的成本。

50. (A)【题解】定位为小区型渠道应属"小型旅行业"的竞争战略。

51. (C)【题解】只有资本雄厚的旅行业者才能够在廉价竞争中维持生存下去。

52. (C)【题解】指出旅行社所创造的功能是为顾客带来物超所值的商品。

53. (B)【题解】与欧美等发达国家相比,北京医疗旅游价格相对低廉,具有价格上的优势,平均价格甚至是欧美发达国家的一半左右。

54. (B)【题解】当用户在网站上预订机票时,Expedia并不会收取预订费用(此举于2009年3月实施)。

55. (A)【题解】(A)大型知名旅游网站具有较大的生存空间。在互联网里,如果流量过少,则无法抢占较多的市场占有率,而这也就是为什么大型知名旅游网站往往投入大量资金于其中的缘故。

56.（D）【题解】依据国家旅游局、国家工商行政管理总局制定的大陆居民赴台湾地区旅游合同，旅游消费者于出发前 14 日至 7 日被告知取消出团，旅行业者应赔偿旅游消费者全部团费 5%的违约金。

第四章　通路战略

1. _____指商品从生产者向消费者转移过程中，所有取得商品所有权或协助商品所有权转移的组织和个人。

    A. 产品开发　　　　　B. 价格制定　　　　　C. 分销渠道　　　　　D. 促销推广

2. 若以旅游产业为例，下列哪一项不属于旅游中介机构的功能？

    A. 寻找与沟通潜在购买者

    B. 调整产品或服务符合顾客需求

    C. 收集与传送有关营销环境的营销研究与情报信息

    D. 提高产品与服务售价

3. 直效营销渠道亦称_____。

    A. 零级渠道　　　　　B. 一级渠道　　　　　C. 二级渠道　　　　　D. 三级渠道

4. 航空公司通过旅行业者销售机票给消费者。此为_____。

    A. 零级渠道　　　　　B. 一级渠道　　　　　C. 二级渠道　　　　　D. 三级渠道

5. 某位消费者欲订海外某家旅馆的豪华客房，此项旅游服务是由某家零售旅行业者承接，零售旅行业者接单之后，转由旅馆订房中心订妥并且开立住宿票券，转由零售旅行业者交付消费者。此为_____。

    A. 零级渠道　　　　　B. 一级渠道　　　　　C. 二级渠道　　　　　D. 三级渠道

6. 对于消费者而言，三级营销渠道中，_____直接接触消费者。

    A. 制造商　　　　　B. 批发商　　　　　C. 中盘商　　　　　D. 零售商

7. 中国全国性公司的完整营销网络应包括以下几个环节，由上至下顺序应为_____。

    A. 总部→省级经销商→地级或省内几个区域经销商→县级经销商

    B. 总部→地级或省内几个区域经销商→省级经销商→县级经销商

    C. 总部→县级经销商→地级或省内几个区域经销商→省级经销商

    D. 总部→县级经销商→省级经销商→地级或省内几个区域经销商

8. 下列哪一项不属于全球分销系统？

A. Amadeus   B. Galileo   C. Sabre   D. Wikipedia

9. 下列哪一项是亚洲地区航空公司共同发展的全球分销系统？

A. Abacus   B. Amadeus   C. Galileo   D. Sabre

10. 下列哪一项不属于运用互联网销售旅游产品的优势？

A. 增加销售渠道及销售环节

B. 服务时间从不间断

C. 节省人力成本

D. 成本相对低廉

11. 下列有关加盟的叙述，哪一项不正确？

A. 加盟涵盖一个加盟总部与至少一个以上的加盟店

B. 加盟总部与加盟店二者具有相同且单一的所有权

C. 加盟店获得权利可以从事加盟总部设计营销方式的供给、销售或分销产品或服务

D. 加盟总部允许加盟店使用商标、名称与广告

12. 下列有关联盟的叙述，哪一项不正确？

A. 一种契约协议形式

B. 可使两家机构通过彼此优势获得利益

C. 二者具有绝对的主从关系

D. 经常见于旅行业者与航空业者的分销形式

13. 国内某家快餐产业的龙头企业通过收取权利金的方式，授权开放业主使用商标、复制营运模式与参与营销活动等。此为_____的典型案例。

A. 连锁   B. 加盟   C. 联盟   D. 合资

14. 信用卡发行机构与旅行业者合作，共同推出分期付款的旅游产品。此为_____的典型案例。

A. 连锁   B. 加盟   C. 联盟   D. 合资

15. 度假酒店是以接待度假休闲游客为主并为度假休闲游客提供各种服务的酒店。有关度假酒店市场营销的特点，下列哪一项不正确？

A. 多半远离客源地，需宣传知名度

B. 相关度假产品开发非具必要性

C. 需关注交通便利性及酒店可达性

D. 分清酒店权益，平衡直销与分销的关系

16. 旅行业者与航空业者最为常见的分销形式为_____。

A. 连锁   B. 加盟   C. 联盟   D. 合资

17. _____是指渠道成员中的供货商或中间商，产生领导者组织渠道成员，并由领导者设定渠道政策、协调营销组合战略，并对渠道成员的绩效加以奖惩与控制。

A. 产品整合   B. 渠道整合   C. 价格整合   D. 促销整合

18. 下列哪一项是渠道冲突的水平冲突？

A. 同一渠道层级成员间的冲突　　　　　B. 同一渠道中不同层级间的冲突

C. 不同渠道中相同层级间的冲突　　　　D. 不同渠道中不同层级间的冲突

19. 下列哪一项是渠道冲突的垂直冲突？

A. 同一渠道层级成员间的冲突　　　　　B. 同一渠道中不同层级间的冲突

C. 不同渠道中相同层级间的冲突　　　　D. 不同渠道中不同层级间的冲突

20. 某家餐饮加盟系统的加盟店抱怨其他的加盟店使用次级食材，影响餐饮加盟系统的整体形象。此为_____。

A. 水平冲突　　　　B. 垂直冲突　　　　C. 人际冲突　　　　D. 形象冲突

21. 航空公司降低旅行业者机票销售佣金金额，使旅行业者心生不悦，降低推荐该家航空公司航班与机位的意愿。此为_____。

A. 水平冲突　　　　B. 垂直冲突　　　　C. 人际冲突　　　　D. 形象冲突

22. 下列有关企业式垂直营销系统的叙述，哪一项正确？

A. 生产与分销的连续阶段均在单一所有权之下

B. 协调生产与分销的连续阶段，主要通过某一方的规模与权利

C. 由不同层级的生产与分销个别公司组成

D. 同一渠道层级两个或两个以上的渠道成员结合成为一个联盟共同开拓营销的机会

23. 下列有关管理式垂直营销系统的叙述，哪一项不正确？

A. 营销系统内所有权各自独立

B. 通过合约约束彼此关系

C. 可通过规模与权利决定哪一项是生产与分销的协调者

D. 成员彼此分别处于生产与分销连续带的前后位置

24. 下列有关契约型垂直营销系统的叙述，哪一项正确？

A. 成员间属于相同渠道层级

B. 所有生产与分销的连续阶段均在单一所有权之下

C. 合约规范与约束成员关系

D. 通常以营销战略联盟称呼此关系

25. 下列有关水平营销渠道系统的叙述，哪一项不正确？

A. 营销系统内所有权各自独立

B. 成员间属于相同渠道层级

C. 通常以营销战略联盟称呼此关系

D. 成员彼此分别处于生产与分销连续带的前后位置

26. 某家专营票务代理的旅行业者负责某家外籍航空公司绝大部分的机位销售，此时

此旅行业者对于航空公司的机位票价、推广战略均具俏大的影响能力。此属于_____。

A. 企业式垂直营销系统   B. 管理式垂直营销系统

C. 契约型垂直营销系统   D. 水平型营销渠道系统

27. 国内若干旅馆业者通过签约成为国际旅馆品牌成员,借以运用合作体系的订房系统进行销售。此属于_____。

A. 企业式垂直营销系统   B. 管理式垂直营销系统

C. 契约型垂直营销系统   D. 水平型营销渠道系统

28. 时下众多旅行业者采用同业合团的方式招揽旅客出国,并且成立所谓的"出团中心",采取利润中心的方式经营。此属于_____。

A. 企业式垂直营销系统   B. 管理式垂直营销系统

C. 契约型垂直营销系统   D. 水平型营销渠道系统

29. 某家低成本航空公司并未委由任何中间商进行代理,消费者必须直接通过官方网站进行在线购买。此为渠道分销的_____。

A. 直接销售   B. 独家分销   C. 选择性分销   D. 密集式分销

30. 某家外籍航空公司在国内选择某家旅行业者独家代理机票贩卖,其他旅行业者或消费者欲购该家航空公司的机票须通过此代理旅行业者购买。此为渠道分销强度的_____。

A. 直接销售   B. 独家分销   C. 选择性分销   D. 密集式分销

31. 某家航空公司依据出团数量作为考虑因素,选择数家旅行业者作为主要代理商。此为渠道分销强度的_____。

A. 直接销售   B. 独家分销   C. 选择性分销   D. 密集式分销

32. 大量出团的整批销售的旅行业者选择销售渠道时,多以全省各地的零售旅行业者为其渠道成员。此为渠道分销强度的_____。

A. 直接销售   B. 独家分销   C. 选择性分销   D. 密集式分销

33. 国内航空业者积极加入国际航空公司所组成的航空联盟,如华航加入天合联盟(Sky Team Alliance)。下列哪一项不属于加入航空联盟的优点?

A. 扩大客户来源   B. 提供旅客更多航点选择

C. 提高机票价格   D. 增加优惠酬宾内容

34. 对于旅游餐旅产业的分销渠道而言,下列哪一项不正确?

A. 渠道冲突妨碍渠道运作

B. 企业与中间商必须同意渠道成员的条件与责任

C. 企业必须持续激励渠道成员

D. 分销渠道最为重要的部分是营业地点

35. 在竞争激烈的市场环境中，许多企业采用多元渠道来传递产品及服务，这些多元渠道被称为_____。

A. 混合型渠道   B. 垂直营销渠道

C. 水平营销渠道   D. 网络营销

36. 过去当旅游市场蓬勃发展时，旅行社为了将信息更快速地传递给消费者，遂采用"广播电台"或"报纸杂志"的方式。下列对此两种渠道的描述，哪一项正确？

A. "广播电台"营销为高涉入和理性涉入

B. "报纸杂志"营销为低涉入和理性涉入

C. "广播电台"营销为低涉入和情感涉入

D. "报纸杂志"营销为高涉入和情感涉入

37. "通过多媒体的整合能够使旅游产品有形化，因而降低消费者对旅游产品所感受的无形性"。根据此段描述，可得知应为_____。

A. 报纸杂志   B. 零售旅行社   C. 直售   D. 电视购物

38. 下列哪一项不属于旅行业"传统营销渠道"？

A. 广播电台   B. 报纸杂志   C. 电视购物   D. 零售旅行社

39. 现今许多企业必须采取传统渠道与新兴渠道并进的方式经营，如雄狮旅行社除零售店面外，也是市场上首先使用电子商务的旅行社。下列最不可能成为采用新兴渠道动机的是哪一项？

A. 降低成本   B. 扩大市场

C. 改变消费者行为   D. 增加销售量

40. 目前从事电子商务的旅行业者主要有雄狮、康福和凤凰等台湾知名旅行社，上述旅行社皆希望通过互联网的支持来达成某些目标。这里所说的"某些目标"不包含_____。

A. 分散风险   B. 强化顾客忠诚度

C. 改善对顾客服务   D. 减少分销渠道

41. "旅客不必出门，在家就可以购买旅游产品"，指出电视购物的便利性，并且也打破了时空的限制。对于越来越多的消费者愿意通过电视购物的原因，下列哪一项是最不可能的因素？

A. 消费者察觉传统购物害怕与危险的经验越来越少

B. 电视购物提供的产品很吸引人

C. 现今消费者对于购物信息的大量需求

D. 消费者对科技的适应能力越来越高

42. 关于电视购物的定义，下列哪一项不正确？

A. 分为"信息广告"和"电视购物"两种

B. 为零售渠道的一种

C. 内容兼具商业化性质与娱乐性质

D. 在有线电视台播放

43. 近年来,电视购物重新引起消费者的关注,除成功建立良好的企业形象外,电视栏目更是提出一系列的创新保证,如"七天送货到家服务"、"十天鉴赏期"与"365天全年无休"等。关于电视购物的特色,下列哪一项不正确?

A. 产品种类多样性   B. 方便性

C. 无存货堆积问题   D. 可以较低价格购入

44. 打开电视,会发现购物频道常以旅游电视购物作为旅游产品销售与展示平台,且比例越来越高。由此现象可得知_____。

A. 与到实体店面去购买并无差别

B. 对"鼓吹消费者购买旅游产品"无实质帮助

C. 与旅行业者属竞争关系

D. 结合影像与声音来创造符合旅游产品特性的氛围

45. 电话销售是指通过"电话"做有系统的共同沟通行为。电话销售不仅是销售业务工作的起点,也是促成交易完成的关键。下列对电话销售的描述,哪一项不正确?

A. 电话销售是立即的

B. 电话销售是个人的

C. 电话销售是不经济的

D. 是旅行业所采用最主要的销售方式之一

46. 一般而言,国内旅行业者与异业合作伙伴的合作形态以_____为首,最主要动机都是在促销彼此间的产品。

A. 促销活动的配合   B. 代为促销产品

C. 新市场的开发与交流   D. 开发新产品

47. 中华航空成立关系企业——华旅网际旅行社后,陆续推出线上交易旅游网站"YesTrip.com",产品包括华航、华信航空国内外机票、套装旅游行程、电子旅游平安险与各国旅游及班机信息等。此种渠道整合方式称为_____。

A. 传统营销系统   B. 直接营销系统   C. 垂直营销系统   D. 水平营销系统

48. 华航关系企业——华旅网际旅行社在线交易网站"YesTrip.com",网站功能除提供华航、华信航空国内外机票、套装旅游行程、旅游投保与各国旅游及班机信息等,还拥有多家企业合作伙伴,如南山人寿、台湾订房网、土地银行等。根据上述可得知其用意为下列哪一项?

A. 为一次购足（One Stop Shopping）的概念　　B. 企业应有充足的资金投入

C. 关系企业"同蒙其利"　　　　　　　　　　　D. 以上皆是

49. 旅行业渠道战略中，有许多同业或异业结盟的机会，常见如航空公司与饭店间的合作，而选择战略联盟伙伴的准则下，符合下列哪一项准则是具有重要性的？

A. 所结合的优势　　　B. 兼容性　　　　　　C. 承诺　　　　　　D. 以上皆是

50. 在旅行同业中企图分散风险，扩大出团规模，共享规模经济利益的联营（PAK）形态，应属于＿＿＿＿＿＿＿。

A. 传统营销系统　　　B. 直接营销系统　　　C. 垂直营销系统　　　D. 水平营销系统

51. 看好旅游市场发展前景，2008 年灿坤以黑马姿态进军在线旅游市场，成立灿星旅游网。下列有关灿坤、灿星的论述，哪一项不正确？

A. 以虚实并进的方式和灿坤上百家渠道结合

B. 2004 年已成为中国台湾地区流量最大旅游网，2007 年继续成为中国台湾地区网络上最大的旅游网站

C. 尚未结合运用灿坤的"会员数据库"

D. 利用旅游过程中推销 DV、相机等 3C 产品

52. 根据旅游产品销售过程中是否涉及中间环节来划分，下列有关直接销售渠道的叙述，哪一项不正确？

A. 旅游者可前往航空公司购买机票

B. 旅游者可在航空公司官网购买机票

C. 旅游者可在机场柜台购买机票

D. 旅游者可委托旅行社订购机票

53. 下列有关旅行业渠道的叙述，哪一项不正确？

A. 中国旅游业仍未达到国际化及全球化

B. 旅行业电子商务发展结果可降低不确定性

C. 旅行业电子商务发展结果提高交易率

D. 旅行业发展在线服务并不能完全取代传统旅行业的全部功能

54. 旅行社相对于旅游上游供货商是具有中间商功能的角色，下列哪一项不正确？

A. 提供信息服务　　　B. 增加销售服务　　　C. 增加交易成本　　　D. 促进产品研发

55. 电子商务是未来重要的竞争要素之一，就连旅行业者也不容忽视，它除了可以广泛地接触不同层级的消费者外，也可以增加产品的竞争力。下列关于"电子商务优势"的相关描述，哪一项有误？

A. 旅游上游供货商可以直接与顾客联结

B. 免除存在于消费者与上游供货商间不公平的障碍

C. 加速公平性竞争

D. 增加价格歧视的机会

56. 电子商务的经营将使旅行业原本以_____收入为经营导向转为以收取_____的经营方式。

　　A. 佣金；佣金　　　B. 服务费；服务费　　C. 佣金；服务费　　D. 服务费；佣金

57. 举办国际旅游行业展览能够吸引成千上万人次前往观展，因此，可能被各大旅游业者视为是重要的宣传渠道之一。下列对于国际旅游行业展览的描述，哪一项不正确？

　　A. 媒体曝光率高　　　　　　　　　B. 旅展产品价格绝对物美价廉

　　C. 提升国际竞争力　　　　　　　　D. 可达到观光旅游推广效益

58. "航空公司代理商以单一或有限的中间商经销其产品或服务"属于_____。

　　A. 密集式分销　　　B. 选择式分销　　　C. 独家分销　　　D. 以上皆非

59. 温德姆酒店集团是世界著名饭店集团，旗下有多元品牌可供消费者选择，可采取企业主投资营运——特许经营方式。下列有关"饭店特许经营"的论述，哪一项有误？

　　A. 特许经营权拥有者为合约形式，允许被特许经营者有偿使用其具有知识产权性质的品牌从事经营活动

　　B. 合约期间，特许经营权拥有者提供有关的组织、训练、销售及管理等方面的协助辅导

　　C. 等同于"连锁经营"

　　D. 君悦饭店（Grand Hyatt）即为此例

60. "全球分销系统"是第一个运用于国际旅游行业的预订系统，同时也是最主要的，其重要性自然不言而喻。下列对其相关描述，哪一项正确？

　　A. 英文缩写为 CRS

　　B. 由计算机订位系统发展而成

　　C. 仅使用于航空运输业

　　D. Sabre、Worldspan、Amadeus 和 Cendant-Galileo 为全美分销系统的四巨头

61. 下列对计算机订位系统（CRS）发展与沿革的论述，哪一项不正确？

　　A. 20 世纪 70 年代，由联合航空（United Airlines）与美国航空（American Airlines）率先开启 CRS 的先导

　　B. "多重渠道"系统逐步建立成"单一渠道"系统

　　C. 演变至今成为"全球订位系统"（GDS）

　　D. Abacus 市场占有率最高，其次是 Amadeus

62. 下列对分销渠道冲突产生原因的描述，哪一项不正确？

　　A. 渠道成员目标不一

B. 渠道成员在背景、经验、价值观等方面的差异

C. 渠道成员职能划分明确

D. 渠道成员间存有利益矛盾

63. "商务旅游"是近年颇受旅游业者关注的旅行方式之一。关于商务旅游的说法，下列哪一项最不合适？

　　A. 涉及层面广，除交通、食宿外，可能还有体育赛事、文化和宴会等

　　B. 食宿费用通常由单位支付，因此游客本身在休闲方面可能花费较多

　　C. 为国外旅行社的主业务之一

　　D. 商务旅客所占比例仍低

64. Travelocity、Expedia、Priceline 为全球性的旅游电子商务系统，其产品范围广泛，包含航空公司、饭店旅馆、租车公司以及旅游业务等。下列对这三个系统的论述，哪一项不正确？

　　A. Travelocity 为美航与 Sabre 的关系企业；Expedia 为微软的关系企业；Priceline 为 Delaware Corp.所成立

　　B. 除了旅游产品外，Expedia 还有销售汽车和家庭理财部分

　　C. Priceline 提供独特的自行定价服务

　　D. 三个系统在亚洲皆有发展

【章节详解】

1.（C）【题解】美国市场学者爱德华·肯迪夫（Edward W. Cundiff）和理查德·斯蒂尔（Richard R. Still）对分销渠道的定义是当产品从生产者向最后消费者或产业用户移动时，直接或间接转移所有权所经过的途径。

2.（D）【题解】旅游产业的中介机构可以发挥信息（收集与传送有关营销环境的营销研究与情报信息）、宣传、联系（寻找与沟通潜在购买者）、搭配（调整产品或服务符合顾客需求）、协议、实物分配、融资以及风险的功能。但对于产品与服务售价方面，为追求提高消费者选择渠道的意愿，旅游中介机构提供的旅游产品多数选择比消费者直接购买供货商产品价格更低。

3.（A）【题解】直效营销渠道并无中间商层级，是由制造商直接销售产品给消费者，亦称零级渠道。

4.（B）【题解】此例具有一个中间商层级，因此，是一级渠道。

5.（C）【题解】此例具有两个中间商层级，因此，是二级渠道。

6.（D）【题解】零级渠道以外，消费者均与零售商接触。

7.（A）【题解】总部（总经销商）→省级经销商（一级经销商）→地级或省内几个区域经销商（二级经销商）→县级经销商（三级经销商）。

8.（D）【题解】Abacus、Amadeus、Galileo、Sabre 和 Worldspan 等均为现行主要的全球分销系统（Global Distribution System，GDS）。维基百科（Wikipedia）是一个全球性多语言的百科全书协作计划，同时亦为一个网络呈现的网络百科全书网站。

9.（A）【题解】Abacus 总公司设于新加坡，是亚太地区居于领导地位的旅游推手，现为 24 个国家提供超过 20000 家旅行业者旅游信息服务。合作对象涵盖亚洲与世界顶尖的航空公司：All Nippon Airways（全日空航空）、Cathay Pacific Airways（国泰航空）、China Airlines（中华航空）、EVA Airways（长荣航空）、Garuda Indonesia（印度尼西亚航空）、DragonAir（港龙航空）、Malaysia Airlines（马来西亚航空）、Philippine Airlines（菲律宾航空）、Royal Brunei Airlines（皇家文莱航空）、SilkAir（胜安航空）与 Singapore Airlines（新加坡航空）。此外，美国的 Sabre 集团（亦为重要的 GDS 系统）持有 Abacus 35% 股权，是 Abacus 股东亦为技术提供者，Sabre 于旅游产业是以具备前瞻性开发能力与创新信息技术享有盛名。

10.（A）【题解】旅游网站可组织旅游产品，扮演批发商的角色，再将旅游产品直接推向市场，又成为具有价格优势的零售商，可缩短销售渠道、减少销售环节、降低成本、提高工作效率。

11.（B）【题解】加盟是加盟店获得权利可以从事加盟总部（Franchisor）设计营销方式的供给、销售或分销产品或服务。加盟总部允许加盟店使用商标、名称与广告。但对于二者不具相同且单一的所有权。

12.（C）【题解】联盟是一种契约协议形式，联盟可使两家机构借由彼此优势获得利益。联盟成员间多数均为对等的关系，而非主从关系。

13.（B）【题解】加盟是加盟店获得权利可以从事加盟总部设计营销方式的供给、销售或分销产品或服务。加盟总部允许加盟店使用商标、名称与广告。此例是加盟者与加盟总部的关系。因此，属于加盟。

14.（C）【题解】联盟是一种契约协议形式，联盟可使两家机构借由彼此优势获得利益。此例是两家机构的合作，追求彼此利益。因此，属于联盟。

15.（B）【题解】度假型酒店的客人在酒店停留的时间较长，对酒店的娱乐设施需求较高，因此要策划出不同客源地、不同客户群、不同季节、不同的店内或店外的活动项目，推出系列的酒店产品。

16.（C）【题解】联盟是旅行业与航空业最为常见的分销形式。

17.（B）【题解】渠道整合是指渠道成员中的供货商或中间商，产生领导者组织渠道成员，并由领导者设定渠道政策、协调营销组合战略，并对渠道成员的绩效加以奖惩与控制。

18.（A）【题解】水平冲突是指同一渠道层级成员间的冲突。

19.（B）【题解】垂直冲突是指同一渠道中不同层级间的冲突。

20.（A）【题解】水平冲突是指同一渠道层级成员间的冲突。此例属于同一渠道层级的冲突。因此，属于水平冲突。

21.（B）【题解】垂直冲突是指同一渠道中不同层级间的冲突。此例属于不同渠道层级的冲突。因此，属于垂直冲突。

22.（A）【题解】企业式垂直营销系统是生产与分销的连续阶段均在单一所有权之下，也是此营销系统的特征。

23.（B）【题解】管理式垂直营销系统是协调生产与分销的连续阶段时，并非通过共同所有权或合约约束，而是通过某一方的规模与权利。管理式垂直营销系统并无合约的约束，此为契约型垂直营销系统的特征。

24.（C）【题解】契约型垂直营销系统是由不同层级的生产与分销个别公司组成，彼此通过合约获得规模经济或销售影响力。合约与契约是此营销系统的主要特征。

25.（D）【题解】水平型营销渠道系统是将属于同一渠道层级两个或两个以上的渠道成员，结合成为一个联盟共同开拓营销的机会。

26.（B）【题解】管理式垂直营销系统是协调生产与分销的连续阶段，并非通过共同所有权或合约约束，而是通过某一方的规模与权利。此例生产与分销均由一方掌控。因此，属于管理式垂直营销系统。

27.（C）【题解】契约型垂直营销系统是由不同层级的生产与分销个别公司组成，彼此通过合约获得规模经济或销售影响力。此例生产与分销的关系有契约规范。因此，属于契约型垂直营销系统。

28.（D）【题解】水平型营销渠道系统是将属于同一渠道层级两个或两个以上的渠道成员，结合成为一个联盟共同开拓营销的机会。此例是由同一渠道层级彼此合作。因此，属于水平型营销渠道系统。

29.（A）【题解】直接销售并无中间商层级，是由生产者直接销售产品给消费者。此例即为缺乏中介机构的案例。因此，属于直接销售。

30.（B）【题解】独家代理是渠道分销强度最为极端的状况，也指仅授权某一中间商享有独家经销的权利。此例即为单一授权案例。因此，属于独家分销。

31.（C）【题解】选择性分销是以选择一家以上的中间商经销产品，然而，此数目远比所有愿意经销此产品的中间商数目更低。此例即为选择数家中间商授权的案例。因此，属于选择性分销。

32.（D）【题解】密集式分销尽可能地将渠道置于所有可能的销售据点，以期能够接触更多消费者。此例即为密集铺设渠道的案例。因此，属于密集式分销。

33.（C）【题解】加入航空联盟未必影响机票价格。

34.（A）【题解】渠道冲突并非全然无益，部分渠道冲突是有益的竞争形式，若非如此，渠道势将变得被动与毫无创新。

35.（A）【题解】混合型渠道综合直接与间接的多元渠道分销系统，用来增加市场涵盖率，响应不同市场区隔的偏好，降低成本以及利用科技的改变。

36.（C）【题解】"广播电台"营销为低涉入和情感涉入，但"报纸杂志"一般则为高涉入和理性涉入渠道。

37.（D）【题解】电视购物为新兴分销渠道，改变传统旅行业的营销渠道。

38.（C）【题解】旅行业的传统渠道包括直售、报纸杂志、战略联盟、零售旅行社和广播电台；新兴渠道则包括电视购物、电子商务。

39.（C）【题解】（C）应为改善消费者满意度，以上动机也显示出采用多元营销渠道与企业经营的战略和目标环环相扣。

40.（D）【题解】（D）应为扩大分销渠道，另外如扩大市场、降低成本、增加收入等皆属其营运目标。

41.（A）【题解】（A）消费者察觉传统购物害怕与危险的经验越来越多，如在购物时可能有被偷窃的风险，使顾客倍感威胁，然而，电视购物则提供一个舒适安全的购物环境，让顾客安心选购。

42.（C）【题解】（C）内容是以商业化性质节目播出，并非娱乐性质的节目，目的为销售产品，获取利润。

43.（C）【题解】（C）有存货堆积问题，因此，唯有良好的质量才能降低销退率，避免存货堆积或失去顾客忠诚度。

44.（D）【题解】（A）不像到实体店面去购买旅游产品，电视购物仅能凭目录或电视购物台的内容决定购买其产品；（B）对"鼓吹消费者购买旅游产品"有实质帮助，电视购物是不打烊的营销媒体，是24小时不休不眠的向消费者销售；（C）可提高旅行业者的知名度，电视购物不仅可以增加消费者对于旅游产品的了解与认知，更可提高产品曝光率和旅行业者的知名度。

45.（C）【题解】（C）电话是经济的，电话销售可以突破地理及时间限制，此特性即是过去几年"电话销售"惊人成长的主要原因。

46.（A）【题解】国内旅行业者与异业合作形态以"促销活动的配合"为首，最主要动机都是在促销彼此间的产品。另外，"代为促销产品"也常发生在垂直合作产业中的航空公司、游乐区、饭店等行业。至于"新市场的开发与交流"，大多与同业或航空公司增辟新航线合作开发新旅游路线较为多见。

47.（C）【题解】（C）垂直营销系统整合上中下游的厂商，并且通过规模、谈判力以及避免重复作业等达到经济性。

48.（A）【题解】消费者习性日趋多样且复杂，企业逐渐察觉此现象，并且为将利益最大化，遂提供了一次购足的便利性。以本题为例，航空公司提供的国内外机票、保险公司提供的旅游平安险、订房网提供的国内外订房和银行提供的付款机制等，目标都在符合消费者需求。单一企业无需投入庞大资金于不同产业，而可用异业结盟方式来达成共创利益的局面。

49.（D）【题解】根据 Lewis（1990），战略联盟所结合的优势要符合市场需求，具有综效。联盟双方要有一定程度的兼容性，以求互信与了解。双方执事人员与高阶管理层级应评估所需的努力并给予承诺，以缩减彼此间的差距。

50.（D）【题解】水平营销系统是在同一层次上两家或两家以上的公司联合共同开拓新的市场机会，以完成独家经营所不能达到的效果。

51.（C）【题解】灿星结合运用灿坤的"品牌"与"会员数据库"，把渠道价值提升，为渠道价值再造的成功案例。

52.（D）【题解】（D）旅游者向旅行社购买航空公司机票，属间接销售渠道。

53.（A）【题解】（A）部分具有规模和实力雄厚的大型旅行社企业，如港中旅集团、国旅总社、中旅总社、招商旅游总公司现已完成了 Inbound 和 Outbound 的双向流入、输出。同时，在境外投资开办相关业务的公司，建立自己的网络和经营单位，形成国内外统一的管理体系。

54.（C）【题解】（C）应为降低交易成本，旅行社可减少渠道系统中的交易次数与成本。

55.（D）【题解】（D）应为减少价格歧视的机会，价格歧视是指独占者对同一物品向某些消费者收取较高的价格，或者对少量购买者所收取的价格高于对大量购买者所收取的价格。因此通过电子商务，消费者可对商品的定价有较高掌握度，减少价格歧视的机会。

56.（C）【题解】由于电子商务的兴起，旅行业者的佣金逐渐降低，完全衡量旅行业者个别绩效表现而给予不同比率的佣金或者反过来向旅游消费者酌收服务费。未来此种交易模式将为旅行业的常规。

57.（B）【题解】（B）旅展产品价格不一定绝对物美价廉，需视产品内容、相关规定做评估。

58.（C）【题解】（C）独家分销是指在某一渠道层级上只选用唯一或有限的中间商来经销企业产品或服务，如网络独家代理商亦属此例。

59.（C）【题解】（C）"连锁经营"包含许多形态，如直营连锁经营、特许加盟经营等。

60.（B）【题解】（A）英文缩写为 GDS（Global Distribution System）；（C）除原有的航空运输业，旅馆、租车、旅游公司和铁路公司等均已纷纷加入；（D）北美的 Sabre、

Worldspan 和欧洲的 Amadeus、Cendant-Galileo 为全球分销系统的四巨头。

61.（B）【题解】开始时，因只能与一家航空公司的系统连线作业，故被称为"单一渠道"系统，而后，其他国家地区亦群起仿效此订位模式，而逐步建立成"多重渠道"系统。

62.（C）【题解】（C）渠道成员职能划分不够明确，产生冲突。

63.（D）【题解】（D）商务旅客具有量大且没有季节性因素影响的特点。

64.（B）【题解】（B）除了旅游产品外，Priceline 还有销售汽车和家庭理财部分；Travelocity 和 Expedia 则主要聚焦于旅游产品的销售上。

第五章　销售推广战略

1. Eric 从电视新闻上得知，中国中央电视台（CCTV）取得了 2012 年伦敦奥运会中国电视转播总代理，包含电视转播权、新媒体版权以及音像制品版权等。这主要是中国中央电视台经过协商与洽谈，同意支付伦敦奥运组织委员会提出的下列哪一项收费？

A. 奥运伙伴计划　　　B. 赞助权利金　　　C. 门票补助费用　　　D. 转播权利金

2. NBA 纽约尼克队，将每日赛事信息上传至官方网站，借此吸引球迷注意。这是下列哪一种战略？

A. 吸脂定价战略　　　B. 网络营销战略　　　C. 蓝海战略　　　D. 伙伴战略

3. 下列有关体育赞助理论的描述，哪一项不正确？

A. 赞助世界杯足球赛的主要赞助商会获得热门球赛的门票，这是招待礼遇机会的取得

B. 为了提升赞助效益，除了付出赞助权利金获得基本赞助权益以外，必须规划搭配赛事的营销活动，称为赞助活化战略

C. 衡量媒体曝光，是赞助效益评估的方法之一

D. 在运动员球衣上绣出赞助企业的标志，称为冠名赞助

4. 美国职业棒球大联盟的所属球队，常会举办进场看球送球队相关赠品的活动。这是希望获得下列哪一种促销功能？

A. 刺激商品销售　　　B. 降低产品成本　　　C. 刺激消费需求　　　D. 提升知名度

5. 企业愿意花费大笔权利金取得奥运官方赞助商的资格，下列哪一项不是主要目的？

A. 公司形象提升　　　　　　　　　B. 招待礼遇机会取得

C. 取得产品试用或销售机会　　　　D. 平衡公司收支

6. 如果将推广战略分为推的战略与拉的战略，下列哪一项不属于拉的战略？

A. 广告　　　B. 销售促销　　　C. 贩卖　　　D. 人员销售

7. 易建联是广告商的宠儿，从伊利到绿箭、耐克、麦当劳、安利纽崔莱、可口可乐等，据称这几笔广告单的收入在 5000 万元以上，这些抢着邀请易建联拍摄广告的企业厂商是想采取下列哪一种战略？

A. 网络营销战略　　　B. 选择权战略　　　C. 代言人　　　D. 品牌战略

8. 促销具有说服消费者的功能，这一项功能用来提高消费者的兴趣、刺激消费的知觉以及购买、消费产品或服务的欲望。我们称这项功能为_____。

A. 沟通功能　　　　　B. 刺激功能　　　　　C. 定位功能　　　　　D. 规划功能

9. 麦当劳是 2012 年英国伦敦奥运会官方赞助商中唯一的品牌食品服务零售商。这是运动赞助战略中的哪一项特性？

A. 易逝性　　　　　　B. 无形性　　　　　　C. 排他性　　　　　　D. 异质性

10. 中国北京国际马拉松创办于 1981 年，举办多年，中国移动想通过此次国际知名的赛会来塑造与强化企业形象，希望提供赞助权利金将中国北京国际马拉松更名为中国移动北京国际马拉松。这是运动赞助类型中的哪一种赞助形态？

A. 排他赞助　　　　　B. 冠名赞助　　　　　C. 金牌赞助　　　　　D. 指定赞助

11. 下列哪一项属于消费者消费心理反应层级（过程）的顺序？

A. 知晓—了解—好感—偏好—信念—购买

B. 知晓—信念—好感—偏好—了解—购买

C. 知晓—好感—偏好—了解—信念—购买

D. 知晓—偏好—了解—信念—好感—购买

12. 航空公司通过名模林志玲担任其在日本的旅游代言人，此推广活动首先是要引起消费者下列哪一种反应？

A. 好感　　　　　　　B. 知晓　　　　　　　C. 了解　　　　　　　D. 偏好

13. 麦当劳推出"捐发票献爱心，让重症病儿童有个温暖的家"的广告要求，此举主要让消费者产生下列哪一种反应？

A. 了解　　　　　　　B. 偏好　　　　　　　C. 好感　　　　　　　D. 知晓

14. 法国某家知名百货公司在门口贴出他们能提供 20 种语言服务，比其他业者多，让非英法语系游客倍感温馨，这种间接强化其与他家业者差异的广告，旨在增进消费者的_____。

A. 知晓　　　　　　　B. 信念　　　　　　　C. 好感　　　　　　　D. 偏好

15. 许多餐厅标榜着上过电视知名美食节目或是有名人来店消费过。此举主要是让消费者产生下列哪一种反应？

A. 购买　　　　　　　B. 信念　　　　　　　C. 知晓　　　　　　　D. 了解

16. 下列哪一项不属于服务营销 7P 的内容？

A. Public Society　　　　　　　　　　B. Product

C. Process　　　　　　　　　　　　　D. Physical Environment

17. 下列哪一项属于事件营销的范围？

A. 文艺活动赞助　　　　　　　　　　B. 红利积点换商品

C. LV 在时代广场的大型时尚派对　　　　　　D. 经销商大会

18. 雄狮旅行社运用社群网络方式与消费者进行旅游产品促销活动。此属于_____。

A. 人员销售　　　　　B. 直效营销　　　　　C. 整合营销　　　　　D. 公关营销

19. 银行定期寄给卡友的邮购目录上，包含许多餐厅、饭店或旅游活动等优惠折扣组合。此营销方式属于_____。

A. 网络营销　　　　　B. 电话营销　　　　　C. 人员销售　　　　　D. 邮购营销

20. 森森购物在电视上贩卖澳门三日旅游产品，通过主持人精彩的介绍和业者的促销方式，营造出优惠效果，让收视者立刻购买。此种营销方式属于_____。

A. 人员营销　　　　　B. 理性营销　　　　　C. 口碑营销　　　　　D. 电视营销

21. 许多旅游服务产业业者，运用公共关系的营销战略，建立在公众心中的好商誉与形象。下列哪一项不属于公众的定义范围？

A. 竞争者　　　　　B. 经销商　　　　　C. 政府机构　　　　　D. 学校团体

22. 航空公司通过参与社会福利机构的慈善活动，以增进公共关系及形象。下列哪一项不属于公共关系为航空公司带来的好处？

A. 增进员工来源　　　B. 较低的营销成本　　　C. 产品销售　　　　D. 拓展营业范畴

23. 人员销售的过程共有七个阶段，下列哪一项不属于七个阶段范畴？

A. 发掘潜在顾客　　　B. 介绍产品　　　　　C. 追踪与服务　　　　D. 积极推销

24. 航空公司为了让旅行社可以多包些机位，会提供旅行社业者相关的折扣或退佣机制，以鼓励其增加购买量数。例如，旅行社向航空公司每包 100 个座位，即可享八折优惠。此营销手法称为_____。

A. 消费者促销　　　　B. 中间商促销　　　　C. 供货商促销　　　　D. 零售商促销

25. 旅行社为了搭配日本樱花季，特地推出的日本团体套装旅游行程，旅行社若要获得较多的客源，应采取下列哪一种销售方式为佳？

A. 人员销售　　　　　B. 邮购营销　　　　　C. 整合营销　　　　　D. 公关营销

26. 规划广告设计的步骤，下列哪一项不正确？

A. 设定广告目标　　　B. 制订销售业绩　　　C. 决定广告信息　　　D. 评估广告效果

27. 101 饭店为了促销春节订房活动，打出"住 101 您将与众不同"的口号，以增加客源与提高订房率。这属于_____。

A. 说服性广告　　　　B. 告知性广告　　　　C. 提醒式广告　　　　D. 比较性广告

28. 假日饭店（Holiday Inn）打出"遍布亚太地区"的广告标语，以吸引更多消费者。这属于_____。

A. 比较性广告　　　　B. 说服性广告　　　　C. 告知性广告　　　　D. 提醒式广告

29. 下列对于各类型媒体的优缺点说明，哪一项不正确？

A. 电视的成本高、展露时间短，但不易选择收视大众

B. 户外广告可以选择目标观众，且创造力不受限

C. 杂志具可信度及声誉，广告寿命较长且具有传阅效果

D. 广播成本相对较低，听众散布各地

30. 推广是将组织与产品信息传播给目标市场的活动，它最重要的目的在于与消费者进行_____。

    A. 沟通   B. 信息传递   C. 分享   D. 告知

31. 中国春秋廉价航空公司，在刚进入中国台湾地区市场时推出相亲航班而引发市场关注。此方式属于引起消费者反应层级的哪一种阶段？

    A. 知晓   B. 了解   C. 好感   D. 偏好

32. 下列哪一种方式不属于促销活动？

    A. 折价券   B. 买二送一   C. 广播   D. 抽奖活动

33. 老爷酒店在《Taipei》杂志上，将其 2014 年最新开幕的老爷酒店的住房信息、房型及价格等信息公诸大众。此种宣传方式属于_____。

    A. 提醒式广告   B. 说服性广告   C. 比较性广告   D. 告知性广告

34. 新加坡航空公司的广告中，通常不一定会出现飞机，但一定会有其女性空服员的美丽身影与新航的 Logo。此种宣传方式属于_____。

    A. 提醒式广告   B. 告知性广告

    C. 比较性广告   D. 机构广告（形象广告）

35. 凤凰旅行社推出"2014 甜蜜蜜，1＋1 的幸福旅行，第二人省一万"的优惠方案。此属于下列哪一种促销活动？

    A. 赠品   B. 价格折扣   C. 常客优惠   D. 折价券

36. 下列哪一项不是旅行社设定的促销目标？

    A. 增加新的使用者   B. 增加淡季的销售量

    C. 增加团体优惠价格   D. 增加节庆的销售量

37. 许多美食餐厅在广告上宣传其产品对于消费者的身体健康是有益处的。此属于下列哪一种广告诉求？

    A. 理性诉求   B. 感性诉求   C. 信息诉求   D. 道德诉求

38. 绿天使饭店经营强调饭店以环保、节能减碳为主，并在每个房间放置小卡片倡导房客，不再提供任何抛弃式个人盥洗用品。此属于下列哪一种广告诉求？

    A. 信息诉求   B. 道德诉求   C. 理性诉求   D. 感性诉求

39. 网络营销是目前旅游业者最常用的广告方式之一，下列哪一项不是其特性？

    A. 信息丰富且透明化   B. 无时空限制的便利性

C. 一次购足且定制化的需求　　　　　D. 消费者由主动转为被动

40. 快乐旅行社希望可以结合消费者的意见，设计出定制化的旅游行程。下列哪一种网络促销方式，可实时且有效达到此目的？

A. 电子折价券　　　　B. 网络互动游戏　　　　C. 病毒式营销　　　　D. 电子邮件营销

【章节详解】

1. （D）【题解】运动赛事转播权利金是指大众传播媒体为转播运动赛事，而同意支付运动赛事主办单位提出的转播权利费用，通过转播权利金的支付，媒体可获得运动赛事内容的转播权。

2. （B）【题解】网络对于运动组织的功能，包括提供信息、协助沟通、进行交易、刊登广告信息、建立信息系统、提供娱乐内容等，皆可称为网络营销。

3. （D）【题解】在运动员球衣上绣出赞助企业的标志，有助于提升赞助企业与其产品的知名度。但冠名赞助指企业通过支付赞助权利金，将企业名称直接冠于活动、比赛或球队名称上，而享受最高等级的赞助权利。

4. （A）【题解】促进销售功能包含刺激商品销售、提升知名度、培养顾客关系、服务赞助企业、降低生产成本、带动现场气氛、刺激消费需求等。题目中的促销活动，主要是希望通过赠送礼品或纪念品来吸引消费者购买门票，刺激门票的销售量，增加进场看球观众的人数。

5. （D）【题解】企业在采取赞助战略时，其效益包括企业或产品知名度的提升、企业或产品形象的强化、获得产品试用或销售机会，以及礼遇机会的取得等。

6. （C）【题解】促销的主要方法，包含广告、销售促销、人员销售、直效营销等。

7. （C）【题解】对广告主来说，很重要的一件事是如何吸引消费者，并让消费者相信他们所接收到的信息，而通过消费者耳熟能详的公众人士来传达信息就是一种很有效的方式，称为代言人。

8. （A）【题解】促销主要目的是希望将信息传递给消费者，并期待让消费者接受该信息，属于一种沟通功能。

9. （C）【题解】能够反映不同购买群体的行为差异自然是以行为变量最为直接。

10. （B）【题解】运动赞助可分为以下四种类型：冠名赞助商、指定赞助商、官方赞助商、官方供货商。

11. （A）【题解】业者通过推广活动让消费者产生一连串的心理反应，最后产生购买行为。因此，消费者的心理反应包括知晓、了解、好感、偏好、信念与购买六项层级。

12. （B）【题解】业者希望通过广告中的代言人，带动产品的知名度，此阶段主要是引起消费者"知晓"的反应层级。

13.（C）【题解】业者通过公益性的推广活动，主要是要让消费者对其品牌及企业产生好感。

14.（D）【题解】此广告要求主要强调业者比其他家能提供更多的语言服务，此种比较式广告主要的要求是让消费者产生偏好。

15.（B）【题解】通过此种广告手法，可以去除消费者的心中疑虑，对业者产生信心，并可强化消费者对餐厅安全与质量的信念。

16.（A）【题解】服务营销 7P 是指 Product（产品）、Price（价格）、Place（渠道力）、Promotion（推广力）、Personal（人员）、Physical Environment（实体环境力）、Process（服务作业流程力）。

17.（C）【题解】(A) 文艺活动赞助属于赞助营销活动;（B) 红利积点换商品属于促销活动营销；（D) 经销商大会则属于渠道（店头）营销。

18.（B）【题解】直效营销属于非面对面的方式进行双向沟通，以期能增加与消费者的互动及获得立即回应或订购的推广方式，而社群网络属于此种营销方法。

19.（D）【题解】业者将产品样本或目录等邮寄给消费者观看，然后让消费者利用邮件或电话等方式订购产品，此种方式称为邮购营销（Direct-mail Marketing）。

20.（D）【题解】此种营销手法，又称电视购物，泛指利用有线电视里的特定频道，通过不断播放商品信息或代言人营销等手法，推广不同的商品进行贩卖。

21.（A）【题解】公众，泛指能够影响组织的生存、经营与成长的相关团体，包括消费者、供货商、经销商、投资人、小区居民、政府机构及学术与研究机构等。

22.（D）【题解】成功的公共关系可以为企业带来相关好处：①可用较低的成本获得展露的机会，并建立知名度；②通过让消费者产生好感，间接协助产品的销售；③若公司形象良好，员工在工作时会受到亲朋好友的肯定，间接鼓舞士气，同时也能吸引更多人才前来应征；④较容易获得投资大众的资金或是学术研究单位的技术支持等。

23.（D）【题解】人员销售过程，主要区分为：①发掘潜在顾客；②事前准备；③接触顾客；④介绍产品；⑤处理异议；⑥促成交易；⑦追踪与服务这七个阶段。

24.（B）【题解】中间商促销是指制造商为了促使中间商密切合作，所推出的奖励活动，而航空公司与旅行社业者的关系，便是制造商与中间商的关系，故此处称为中间商促销。

25.（C）【题解】现今许多旅行社业者会采用多元化的整合营销手法为其旅游产品进行销售，此法除了有各式各样的营销渠道与方式外，亦可有效结合业者本身的相关资源，进行最有效的营销推广。

26.（B）【题解】规划广告设计的步骤共包括：①设定广告目标；②编列广告经费预算；

③决定广告信息；④选择广告媒体；⑤评估广告效果。

27.（A）【题解】广告目标主要可分为：①告知性广告；②说服性广告；③提醒式广告；④比较性广告则是说服性广告的延伸，而此题主要是要建立消费者对特定品牌的偏好或企图改变消费者对产品的态度与认知，故属于说服性广告。

28.（D）【题解】此广告主为了提醒消费者有机会使用到该饭店，故此类型属于提醒式广告。

29.（B）【题解】户外广告的优点是弹性，可做地区性选择，成本较低且信息竞争性低；缺点则是无法选择目标观众，创造力较受限。

30.（A）【题解】推广最主要目的是要让消费者可以通过沟通的互动过程，清楚了解产品的内容，进而对产品产生兴趣而购买。其余答案属于单向给予消费者信息。

31.（A）【题解】因为中国春秋廉价航空在推广初期，为快速打入市场，故采用有话题性的宣传方式，让消费者对其产品有印象，以提高其产品知名度，故此属于"知晓"。

32.（C）【题解】广播属于推广组合中的广告手法，故此答案不正确。

33.（D）【题解】告知性广告经常用在产品刚上市的阶段，目标是在告知消费者有关最新的产品与服务内容等，故此题属于告知性广告。

34.（D）【题解】新航并不直接宣传本身的特定产品或服务，而是通过不同服务人员的服务照片，以提升企业形象为目的，属于机构广告。

35.（B）【题解】因为此促销方案主要是希望两人结伴成行，故当有第二人报名团体时，将会有 1 万元的优惠产生，故此属于价格折扣。

36.（C）【题解】增加团体优惠价格是旅行社业者在与航空公司或是饭店业者等上游供货商争取佣金或奖励金的方式，此项不属于旅行社业者本身的促销目标。

37.（A）【题解】广告（信息）诉求主要分为三大类：理性诉求、感性诉求及道德诉求。此题主要在传达产品对于消费者本身的利益，故属于理性诉求。

38.（B）【题解】广告（信息）诉求主要分为三大类：理性诉求、感性诉求及道德诉求。此题主要在传达社会规范及告诉大众什么是正确的或是错误的行为，故属于道德诉求。

39.（D）【题解】在网络购物的世界里，消费者是从产品或服务的被动接受者角色转变为产品或服务的制定者角色，故此题（D）为错误答案。

40.（B）【题解】因快乐旅行社希望通过消费者的意见，设计出定制化的行程内容，故此题仅通过"网络互动游戏"有机会实时且有效达成此目标。以麦当劳曾经利用"门市人员制服更新"的互动游戏，借此拉近与消费者的距离，也可以更了解消费者心目中的需求。

第六章　服务人员管理

1. 旅行社在甄选员工前，必须先明确工作目的、范围和主要职责，并确认工作人员资格、知识和技能作为甄选员工的申请条件依据，这是描述下列哪一项措施？

A. 工作描述　　　　B. 工作分类　　　　C. 工作丰富化　　　　D. 工作分配

2. "旅游餐旅第一线工作人员的接待与应对"属于下列哪一种类型的服务？

A. 硬件服务　　　　　　　　　　　B. 软件服务

C. 软件与硬件服务　　　　　　　　D. 非软件亦非硬件服务

3. 下列哪一项不是旅游餐旅从业人员应有的服务心态？

A. 情绪控制　　　　　　　　　　　B. 了解自我工作角色

C. 尊重客人　　　　　　　　　　　D. 只在乎自我表现

4. 下列哪一项不属于旅游餐旅人员的有效沟通战略？

A. 仔细倾听　　　　　　　　　　　B. 熟记客人姓名

C. 亲切的微笑　　　　　　　　　　D. 只强调自己的优越

5. 下列哪一项是说明餐厅在招募特定职位应具备的相对条件，如工作经验、证件、教育程度？

A. 工作分配　　　　B. 工作描述　　　　C. 工作规范　　　　D. 工作分类

6. 下列哪一项为激励理论中，"双因素理论"（Two-factor Theory）保健因素中的项目？

A. 职位升迁　　　　B. 主管赏识　　　　C. 薪资待遇　　　　D. 工作发展

7. 下列观光旅游从业人员特性中，哪一项最为重要？

A. 对客人的同理心　　　　　　　　B. 专业能力技巧

C. 与上司的相处能力　　　　　　　D. 观察环境趋势的能力

8. 小王任职于某一家旅行社的人事主管，要负责挑选新进员工。下列哪一项不是小王考察员工时应该重视的条件？

A. 是否具有专业证件　　　　　　　B. 外语能力

C. 是否肯吃苦耐劳　　　　　　　　D. 是否已婚

9. 小沈所在的旅行社，老板常常通过内部电子邮件向小沈与其他员工宣扬旅行社应该以客为尊，重视顾客的满意度，彰显自己服务的精神。这位老板在做的事情其实就是_____。

    A. 内部营销   B. 外部营销   C. 互动营销   D. 直接营销

10. 小玲在某家航空公司上班，主管要求他们不管自己的心情如何，每天都要笑脸迎人。小玲所面对的工作特性是_____。

    A. 角色冲突   B. 情绪劳务（情绪劳动）

    C. 制式化服务   D. 工作自主

11. 小陈在某家航空公司上班，由于觉得自己在工作上很不如意，经常遭受主管的刁难，因此她常常会在航班中故意对乘客冷漠。小陈对顾客冷漠的行为是_____。

    A. 服务传递   B. 服务保证   C. 服务破坏   D. 服务接触

12. 小王是一家民宿的老板，她在墙上贴了以下的标语："规则一：顾客永远是对的；规则二：如果你觉得顾客错了，一定是你没读懂规则一"。这表示小王具有下列哪一种心态？

    A. 小王认为员工一定会犯错

    B. 小王希望培养员工"顾客至上"的想法

    C. 小王不相信员工会努力工作

    D. 小王觉得员工会偷懒

13. 小杨在饭店担任柜台人员，可是常常被主管指出面对客人时有"皮笑肉不笑"的问题，给住房客人不真诚的感觉，这是因为小杨在服务中展现的_____。

    A. 深层演出   B. 表层演出   C. 真诚演出   D. 真实情绪

14. 内部营销指的是下列哪两种对象间的营销活动？

    A. 顾客—企业   B. 顾客—员工   C. 企业—员工   D. 企业—企业

15. 下列哪一种不是旅游产业中成功的人力资源管理所见到的现象？

    A. 以较高的薪水吸引应征者   B. 给予适当的教育训练

    C. 给予员工适当的授权   D. 以"不犯错"来定义高绩效表现

16. 下列哪一种不是旅游餐旅服务人员常见的福利？

    A. 带薪休假   B. 劳健保（职业健康与劳动保护）

    C. 工作奖金   D. 进修补贴

17. 下列哪一种不是旅游餐旅业界可以用来激励员工的措施？

    A. 强化行为控制   B. 业绩分红

    C. 招待员工出国旅游   D. 主管对下属主动关怀

18. 有关旅游餐旅服务人员应该具备的服装仪容，下列叙述哪一项正确？

    A. 女性工作人员可以发型多变、五颜六色

B. 穿着制服时不须配挂名牌

C. 女性工作人员仅能配合制服颜色做适度装扮

D. 身上可以有明显刺青

19. 李小姐在航空公司担任空服人员，最近她经常感觉到工作提不起劲，面带微笑服务客人变得很痛苦，下了班常常觉得整个人精疲力竭。李小姐很可能产生了什么问题？

A. 情绪劳动　　　　B. 工作无聊感　　　　C. 情绪耗竭　　　　D. 角色冲突

20. 所谓旅游餐旅业从业人员所应该具备的工作能力，包含了_____。

A. 知识、技巧与态度　　　　　　　　B. 态度、技巧及兴趣

C. 知识、技巧及仪表　　　　　　　　D. 技巧、经验与兴趣

21. 某旅行社在农历新年过后接到顾客来信，赞扬该旅行社领队的服务表现。为了有效地激励员工，该旅行社应该采取下列哪一种措施较佳？

A. 当日通过内部电子邮件或当众表扬该领队

B. 赞赏该领队，并斥责其他所有员工

C. 年底举办员工表扬大会时提出

D. 告诫该领队不得有个人英雄主义

22. 某饭店正在举办征才活动，记者采访该饭店的主管时，主管强调其征才标准除了解面试者的经验与个人特质外，更需要面试者有良好的仪态与优雅的举止，外貌也不能轻视。该主管的说法，反映了旅游餐饮业界中哪一种常见的特性？

A. 美学劳务　　　　B. 情绪劳务　　　　C. 角色冲突　　　　D. 角色模糊

23. 为提升整体人力素质，让员工可以和世界接轨，晶华酒店集团获得"英国伦敦城市专业学会 City & Guilds"授权，成为国内第一个饭店执照认证中心。对于晶华酒店而言，此合作有哪些可能的好处？

A. 减少人事流动成本　　　　　　　　B. 帮助员工发展职业规划

C. 提升企业品牌形象　　　　　　　　D. 以上皆是

24. 能明确指出旅游餐旅企业中顺利执行某工作的必要能力、技能或特点，其内容包含工作名称、工作类别、主要负责的任务以及与其他工作职务间的相互关系等，称为_____。

A. 工作规范　　　　B. 工作内容说明　　　　C. 工作分配　　　　D. 工作分析

25. 张小姐刚进入一家国际旅馆工作，该旅馆为使新进人员了解环境、企业政策与员工福利，需对张小姐先进行下列哪一项训练？

A. Orientation　　　　　　　　　　B. Briefing

C. Emergency Training　　　　　　　D. Management Training

26. 饭店柜台人员因太忙而无法立即回答现场旅客的询问，此种行为即无法符合服务

質量五个维度中的_____。

    A. 反应性   B. 保证性   C. 可靠性   D. 同理心

27. 薛先生是某家国际饭店集团的总裁，在接受记者访问如何成功地管理一家跨国企业时，下列哪一种答案"最不可能"出现？

    A. 能教导员工，激励员工   B. 严苛管教员工

    C. 善于沟通协调   D. 以身作则

28. 严长寿先生认为旅游餐旅业激励员工有三个面向：待遇、学习与看到新的未来。激励员工的目标不包括_____。

    A. 增加员工对企业的向心力   B. 发挥员工最大潜能

    C. 增强员工的工作动力   D. 增加对消费者的了解

29. 旅游餐饮服务营销中所谓"互动营销"（Interactive Marketing）指的是_____。

    A. 企业高层对员工的观念沟通   B. 企业与顾客间的营销沟通

    C. 员工和顾客间的服务过程   D. 企业股东与经理人的沟通

30. 旅游餐饮业的领导者并不需具备下列哪一种特性？

    A. 重视组织服务文化   B. 所有决策亲力亲为

    C. 诚实正直   D. 重视员工教育训练

31. 下列哪一项叙述说明不符合员工授权的本质精神？

    A. 对于勇于负责、主动积极的员工给予相应的奖励

    B. 由不同单位的员工共同努力解决公司的问题

    C. 减少员工间以及员工与主管间沟通的频率

    D. 赋予员工自主的权力来决定如何解决顾客问题

32. 有关服务人员内部营销管理的叙述，下列哪一项不正确？

    A. 要适当设计工作内容，使员工愿意积极投入

    B. 企业不需要对员工说明工作的意义和价值

    C. 内部营销是为了要达成更佳的服务质量

    D. 把员工当作内部顾客来看待

33. 下列关于人力资源管理范围的叙述，哪一项不正确？

    A. 人力资源管理的首要工作为育才

    B. 人力资源管理可协助企业用才

    C. 育才就是教育训练企业内的人才，以提升员工的工作质量与工作效率

    D. 员工的教育训练可分为职前训练、在职训练与职外训练等

34. 下列用来激励第一线服务员工的工具中，哪一项激励效果最持久？

    A. 口头表扬   B. 金钱   C. 内心成就感   D. 升迁

35. 近年来许多大学高校与旅游餐旅企业签订实习协议，让大学生去企业实习。对于企业而言，下列哪一项不是从事此活动的主要考虑因素？

A. 全面外包教育训练活动　　　　　　B. 减少征才聘雇成本

C. 提升品牌的社会形象　　　　　　　D. 取得稳定的高素质人力

36. 某旅行社负责人强调旗下的领队导游在招募时，必须要先在内部进行实际的导览工作演练，达到一定的标准才能考虑录用。实际演练这种做法是重视甄选工具的_____。

A. 信度　　　　　　B. 效度　　　　　　C. 成本　　　　　　D. 效率

37. 下列有关招聘旅游产业的第一线服务业人员的叙述，哪一项不正确？

A. 建教合作是重要的员工来源

B. 看重学历

C. 对外求才企业品牌形象很重要

D. 可分为企业内部求才与外部求才两大渠道

38. 旅游景点经常在尖峰时段雇用兼职人员，可能产生的问题不包括_____。

A. 产生额外成本　　　　　　　　　　B. 服务质量不稳定

C. 降低顾客满意度　　　　　　　　　D. 降低服务效率

39. 下列有关情绪劳务的说法，哪一项不正确？

A. 情绪劳务会伤害服务质量

B. 第一线服务人员经常面对情绪劳务问题

C. 情绪劳务对于员工的伤害不大

D. 情绪劳务经常来自角色冲突

40. 下列有关服务人员美学劳务的说法，哪一项不正确？

A. 美学劳务是对于服务人员的行为举止与外表做出要求的结果

B. 美学劳务不会发生在旅游产业中

C. 美学劳务需要员工的自我控制

D. 美学劳务的目的在于展现适当的外表与行为

【章节详解】

1.（A）【题解】工作内容说明是公司在设立每一个职位（级）时必须先做定义，即为什么需要这个职位，设立目的是什么以及工作内容、具备专长、资格条件，以便做考核控管。

2.（B）【题解】"旅游餐旅第一线工作人员的接待与应对"属于服务类型的软件服务，重视以人员提供的服务。

3.（D）【题解】只在乎自我表现并非服务导向的思维，应以顾客为核心，适当表现情绪，了解自我角色。

4.（D）【题解】只强调自己的优越表现无法有效地对顾客传递价值，但仔细倾听、熟记姓名、亲切的微笑则有助于服务人员对顾客的沟通。

5.（C）【题解】工作规范是工作说明书的延伸，描述完成此工作的任职者所需具备的资格与条件，通常归纳成三类：知识、技术与能力。

6.（C）【题解】薪资待遇为员工工作所必须获得的基本报酬，属于保健因素。

7.（A）【题解】若缺乏对于客人的同理心，其他特性均无法提升服务质量，故为同理心。

8.（D）【题解】是否已婚并非审核新进员工的基本要件，且以婚姻状态筛选员工有违法律规定。

9.（A）【题解】内部营销定义为"视员工为内部顾客，且培养具有顾客导向与服务意识员工的战略性目的，所实行以营销观点来管理人力资源的哲学。"故为企业与员工间的互动。

10.（B）【题解】要求要以适当的情绪面对顾客，这是情绪劳务的表现。

11.（C）【题解】服务破坏定义为组织内部员工蓄意以负面的行为来影响组织、内部员工及外部顾客的服务。

12.（B）【题解】小王的心态代表希望培养员工"顾客至上"的想法，提供高质量服务。

13.（B）【题解】"表层演出"指服务工作者通过改变外在的情绪表达，但未改变内在真实感觉的方式来达成组织所要求的情绪表现。

14.（C）【题解】内部营销定义为"视员工为内部顾客，且培养具有顾客导向与服务意识员工的战略性目的，所实行以营销观点来管理人力资源的哲学。"故为企业与员工间的互动。

15.（D）【题解】以"不犯错"来定义高绩效表现属于平凡的人力资源管理方式，并非成功的人力资源管理作为。

16.（B）【题解】劳健保为国家规范的基本要件，并非福利。

17.（A）【题解】强化行为控制本身并没有激励效果。

18.（C）【题解】女性员工根据制服做适当装扮为旅游餐饮业界的基本守则，其他如刺青、不配挂名牌、造型多变均有违一般旅游餐旅业从业人员的习惯。

19.（C）【题解】学者 Freudenberger（1974）将情绪耗竭定义为"工作本身对个人的能力、精力及资源的过度要求，致使工作者感到能力耗尽、精疲力竭，而在工作上束手无策以及情绪耗竭的一种状态"。

20.（A）【题解】哈佛大学 McClelland 教授曾对卓越的工作者做了一连串的研究，发现智力并不是决定工作绩效好坏的唯一要素。他找出一些带来卓越绩效行为背后的因素，包括态度、知识以及技巧等，称为"Competency"能力。

21.（A）【题解】根据学习理论观点，鼓励员工达到激励效果应该即刻执行，以避免时间经过后降低学习效果。

22.（A）【题解】组织对第一线员工在外表与声音上的规范或提供美学训练使员工具有美学能力与技能即为美学劳务的概念，使第一线员工在服务顾客时其外表与声音必须表现出有利于企业形象的美学体现。

23.（D）【题解】晶华酒店人力资源部门认为引进此认证有助于降低人事流动成本，帮助员工发展职业规划，提升晶华酒店品牌形象。

24.（B）【题解】工作内容说明是公司在设立每一个职位（级）时必须先做定义，为什么需要这个职位、设立目的是什么以及工作内容、具备专长、资格条件，以便做考核控管。工作规范是工作说明书的延伸，描述完成此工作的任职者所需具备的资格与条件，通常归纳为三类：知识、技术与能力。

25.（A）【题解】Orientation 为新进员工训练，为实际就职前对于新进员工所提供的政策说明、教育训练等工作。

26.（A）【题解】反应性意指服务员工乐意帮忙，愿意帮助顾客并提供迅速服务的行为。

27.（B）【题解】严苛管教员工属于在失败的人力资源循环中才会出现的特征，将使员工工作满意度降低，并损及整体企业服务绩效。

28.（D）【题解】激励员工的目的并不包括增加对消费者的了解，而是为了让员工提升向心力、发挥潜能，并增强工作动力。

29.（C）【题解】"互动营销"意指第一线人员与顾客间建立良好的互动关系，所有的临场反应都能站在顾客的立场来思考，以亲切友善的态度，尽可能为顾客解决问题、提供高质量的服务。

30.（B）【题解】所有决策亲力亲为并非良好的领导者应有的特征，应当适度授权给第一线员工展现具有弹性的服务。

31.（C）【题解】授权必须要通过提高员工间以及员工和主管间的沟通频率来加以达成。

32.（B）【题解】内部营销中非常重视企业对员工在工作价值与意义上的说明。

33.（A）【题解】人力资源管理首要的工作在选才，而非育才。

34.（C）【题解】鼓励第一线人员的工具中，口头表扬、金钱与升迁都只是短期激励工具，但内心成就感可以持续较长时间，比较不会产生调适现象。

35.（A）【题解】通过实习契约，企业可以提升自己的品牌形象，通过学校减少征才成本，同时掌握稳定的高素质人力，但并不代表企业可以全面外包教育训练活动。

36.（B）【题解】通过实际演练可以确保所招募的应征者具有足够的能力去执行所需的工作，因此可以提高甄选工具的效度。

37.（B）【题解】第一线人员招募中，学历并非最重要的要求。

38.（D）【题解】兼职人员的目的便是为了要在尖峰时段提高服务效率，但连带可能产生的问题则是质量不稳、顾客满意不佳且需额外付出成本。

39.（C）【题解】情绪劳务会对于员工的心理与生理造成严重的伤害。

40.（B）【题解】美学劳务同样会发生在旅游产业中，如旅游景点的解说或服务人员必须展现适当的美感。

第七章　实体环境呈现

1. 下列有关旅游景点拥挤感受的描述，哪一项不正确？

A. 拥挤会使得游客感到不满意

B. 拥挤是正常的，不必管它

C. 拥挤会使得游客减少停留时间

D. 拥挤是因为没有做好环境的流量管制

2. 北京"白家大院"餐厅，地处清末的皇家建筑中，服务人员均身穿清代宫廷服饰，餐具均是象征帝王的黄色且装饰精美，甚至服务人员点菜时，还会称呼"王爷"、"福晋"。这一切规划都是重视服务场景各要素间的_____。

A. 完整性　　　　　B. 复杂性　　　　　C. 一致性　　　　　D. 丰富性

3. 分析顾客与旅游环境的互动时所使用的 S-O-R 模式，下列哪一项并非其要素？

A. 外界刺激　　　　B. 内在反应　　　　C. 外在行为反应　　D. 组织

4. 日本东京迪士尼乐园中，几乎所有设备与设施都会出现米老鼠的图样或符号。这样的做法是为了_____。

A. 传递一致性的迪士尼品牌形象　　　　B. 加速服务流程

C. 帮助顾客正确地使用服务　　　　　　D. 帮助员工提高生产力

5. 王先生是一家专营高价位欧洲旅行团的旅行社老板，他决定聘请专业的美工设计与网页设计师，帮自己的旅行社打造一个高度视觉美感的网站，其目的主要是为了_____。

A. 帮助顾客正确地使用服务　　　　　　B. 加速服务流程

C. 提升旅行社的品牌形象　　　　　　　D. 帮助员工提高生产力

6. 下列哪一种因素属于构成旅游餐饮业实体环境的可能因子？

A. 其他同在场的顾客　　　　　　　　　B. 服务人员的外表

C. 空间装潢设计　　　　　　　　　　　D. 以上皆包含在内

7. 北京著名的全聚德烤鸭，厨师会亲自到顾客桌前展示其号称"一只鸭能 108 片"的利落刀工，这项活动可以带来什么益处？

A. 帮助顾客正确地使用服务　　　　　　B. 加速服务流程

C. 提高整体价值感   D. 帮助员工提高生产力

8. 韩国将韩剧的拍摄场景发展为观光景点，并放置演员的肖像以吸引观光客，是为了引发下列哪一种消费者的内部反应？

A. 情绪   B. 心理   C. 认知   D. 生理

9. 服务场景模式中，顾客可能产生的内在反应不包括_____。

A. 情绪反应   B. 趋近或回避反应   C. 认知反应   D. 身心反应

10. 旅行社在网站的行程说明上展现景点的照片、住宿饭店的装潢，甚至是以前旅客的照片，这些实体证据无助于达成下列哪一个目标？

A. 降低消费者的知觉风险   B. 加速服务流程

C. 刺激消费者的想象   D. 明确产品内容

11. 现在有许多餐厅会使用"开放式厨房"的方式，将厨师的料理过程呈现在顾客面前，开放式厨房可以有下列哪些益处？

A. 提升整体知觉价值   B. 降低顾客的知觉风险

C. 促使员工注意服务质量   D. 以上皆是

12. 陈董事长新开了一家饭店，为了提升整体形象，他决定在饭店实体环境设计上下一番工夫。下列哪些因素是必须要考虑的？

A. 灯光色泽与亮度   B. 大厅地板的材质

C. 服务人员的服装   D. 以上皆是

13. 某旅行社斥资百万装潢设计费，邀请建筑师来规划，将"旅行"与"设计"两个专业结合所创造的都市空间呈现在市中心的旗舰店，其目的是为了_____。

A. 帮助顾客正确地使用服务   B. 加速服务流程

C. 提升其旅游品牌形象   D. 帮助员工提高生产力

14. 机场往往设置许多自助式登记报到机器，可以提供顾客自行选择座位、办理行李托运以及打印登机牌等服务。下列哪一项不是此种服务设施的好处？

A. 提供定制化机会   B. 降低服务人力需求

C. 提升服务质量的稳定性   D. 增加人员与顾客互动的机会

15. 新加坡环球影城拥有多项顶尖独特的游乐设施与景点，融汇电影主题的崭新项目及表演，其中包括："变形金刚 3D 对决之终极战斗"、"史瑞克 4D 影院"、"马达加斯加：木箱漂流记"、"侏罗纪河流探险"等，这样的做法是为了_____。

A. 传递一致性的品牌形象   B. 加速服务流程

C. 帮助顾客正确地使用服务   D. 帮助员工提高生产力

16. 小康第一次来到美国的旧金山机场，发现机场证照查验的地方有多台大型液晶电视，反复播放通关时应该注意的事项，播放这些影片的主要目的是为了_____。

A. 帮助顾客正确地使用服务　　　　　　B. 提高整体价值感

C. 提升旧金山机场形象　　　　　　　　D. 帮助员工提高生产力

17. 丹尼尔是第一次出国的自助行旅客，可是他在抵达目的地后，在机场迷了路，他发现机场标示很不明确，不知道如何搭乘前往市区的巴士。这是机场的服务环境忽略了_____。

A. 气氛因素　　　　　　　　　　　　　B. 机能因素

C. 符号与象征因素（指示与符号）　　　D. 以上皆是

18. 麦当劳在世界范围内进行营销时，也会入境随俗，融入当地文化特色，以得到当地居民的认同。例如，麦当劳叔叔在不同国家有不同形象以符合当地文化特质。此运用Bitner服务场景模式的哪一反应要素？

A. 内在反应—行为反应　　　　　　　　B. 内在反应—生理反应

C. 内在反应—情绪反应　　　　　　　　D. 内在反应—认知反应

19. 林小姐身为一位专营高价位音乐餐厅的负责人，决定运用自身音乐专业并聘请专业的建筑设计师，将音乐餐厅打造成为一个高度视听美感的顶级餐厅，其主要目的是为了_____。

A. 提升音乐餐厅的品牌形象及价值　　　B. 帮助顾客正确地使用服务

C. 加速服务流程　　　　　　　　　　　D. 帮助员工提高生产力

20. 下列哪一项是饭店业重视实体环境设施的原因？

A. 帮助顾客正确地使用服务　　　　　　B. 提高整体价值感

C. 帮助员工提高生产力与服务质量　　　D. 以上皆是

21. 随着全球化进程的加速，我国旅游地面临着生态风险，下列哪一项叙述不正确？

A. 旅游地超载　　　　　　　　　　　　B. 生态环境退化

C. 外来生物入侵　　　　　　　　　　　D. 恶性或恐怖事件

22. 下列哪一项是服务场景中的重要维度？

A. 气氛因素　　　　B. 机能因素　　　　C. 符号与象征因素　　　D. 以上皆是

23. 鼎泰丰以透明玻璃完整呈现后场专业和清洁的工作情形，又辅以菜单诱惑。这项活动可以带来什么益处？

A. 帮助顾客正确地使用服务　　　　　　B. 加速服务流程

C. 引发消费者特定的心理与行为反应　　D. 帮助员工提高生产力

24. 游乐场为了引发顾客的兴奋情绪，而在现场播放节奏明快的音乐，并采用以红色及金色为主的装潢，以达到多玩一点的目标。此种做法是为了产生下列哪一种效应？

A. 月晕效果　　　　B. 恩格尔效果　　　　C. 格鲁恩转移效果　　　D. 刻板印象效应

25. 迪拜（Dubai）卓美亚帆船酒店拥有独特的帆船造型，不仅是一处迷人的地标，也已成为现代迪拜的象征。顾客亲见这一迷人建筑时已觉无限惊奇，便产生了一种此酒店一定提供超高档服务的想法，此想法即为_____。

    A. 价值   B. 态度   C. 信念   D. 知觉

26. 香港机场采用"出入关自动查验通关系统"，其主要目的是为了_____。

    A. 帮助顾客正确地使用服务   B. 提高整体价值感

    C. 提升香港赤蜡角机场形象   D. 加速服务流程

27. 游乐园为了激发游客的兴奋情绪，而在现场播放节奏轻松明快的音乐，并采用大量色彩鲜明且吸引人的园区造景，以达到让游客多玩一会的目标。此种做法主要是为了让游客产生下列哪一种效应？

    A. 刻板印象效应   B. 恩格尔效果

    C. 月晕效果   D. 格鲁恩转移效果

28. 在许多生态博物馆中，提供游客与展示品互动的机会。例如，在海洋生物区可以实际触摸海星等生物。与实体展示品互动可以为顾客带来什么好处？

    A. 提升展览的教育意义   B. 丰富感官经验

    C. 增加娱乐价值   D. 以上皆是

29. 中国移动4G全新业务品牌"And 和"在广告中悄然亮相。从4G基站的部署建设到4G终端获得入网许可，4G产业链已经为商用做好准备。"And 和"品牌的亮相主要目的是_____。

    A. 帮助顾客正确地使用服务   B. 加速服务流程

    C. 提升中国移动的品牌形象   D. 帮助员工提高生产力

30. 新加坡樟宜机场内设有供旅客使用的游泳池、电影院、睡房与滑梯等设施，设置这些设施的目的是为了_____。

    A. 帮助顾客正确地使用服务   B. 提高整体价值感

    C. 帮助员工提高生产力与服务质量   D. 加速服务流程

31. 服务场景模式主张实体环境会促进社会互动，此模型所指的社会互动不包括_____。

    A. 员工与员工   B. 员工与老板   C. 顾客与顾客   D. 员工与顾客

32. 当消费者看到饭店华丽的外观，便产生了"里面的服务一定很高级"的想法，此想法即为_____。

    A. 信念   B. 态度   C. 价值   D. 知觉

33. 实体环境构成的三维度要素为_____。

    A. 空间、标志、装饰   B. 空间、标志、周遭环境

    C. 周遭环境、颜色、空间   D. 空间、音乐、周遭环境

34. 回转寿司采用小火车运送食物到消费者面前，以创造趣味并增进服务效率。这是下列哪一种要素的战略性应用？

　　A. 渠道　　　　　　　B. 实体环境　　　　　C. 产品　　　　　　D. 品牌

35. 下列哪一项不是 Bitner 服务场景模型的范例？

　　A. 香蕉新乐园餐厅采用台湾古早味的布置，让消费者产生怀旧情怀，并觉得新奇

　　B. SPA 常用香精及檀香使顾客感到轻松愉悦

　　C. 游乐园的广告中一直重复出现"High 到不行"信息以引发消费者的挑战欲

　　D. 麦当劳会在不同的国家采用不同形象的麦当劳叔叔，让消费者产生亲切感

36. "刺激—有机体—反应（SOR）"模型中的调节变量为_____。

　　A. 美丽的文字与摄影　　　　　　　　B. 哀伤或愉悦的心情

　　C. 员工与顾客的特性　　　　　　　　D. 顾客再度光临的承诺

37. PAUL 保罗面包沙龙采用开放式的厨房，以便顾客看到师傅做面包的过程。上述做法最符合下列哪一种实体环境角色？

　　A. 树立形象与定位　　B. 便于服务传递　　　C. 引发特定的反应　　D. 促进人员交流

38. 下列哪一种颜色组合较易激发顾客的强烈情感及活力？

　　A. 黑、蓝、黄　　　　B. 橘、绿、白　　　　C. 蓝、绿、紫　　　　D. 红、黄、橘

39. 若餐厅计划推出加勒比风味的夏季特餐，下列哪一项做法是餐厅应先进行的？

　　A. 在每张餐桌上放置具热带风情的卡片，以宣传新菜单

　　B. 发送新闻稿至商业出版品

　　C. 要求所有员工穿着红色毛衣

　　D. 雇用爵士音乐家以娱乐顾客

40. 下列哪一项不属于服务场景设计规划的正确叙述？

　　A. 远距服务设施的设计应以内部员工的需要和爱好为主

　　B. 自助式的服务场景设计中，员工和顾客都是使用者

　　C. 与顾客接触、互动较少的服务，其服务场景的设计应较为简单、直接

　　D. 员工穿着合宜的服装亦为服务场景设计的一部分

41. 下列哪一种装饰将有助于旅行社推广墨西哥沙滩旅行？

　　A. 草帽、坎昆（Cancun）、太阳眼镜、浴巾

　　B. 太阳眼镜、浴巾、阿西娜女神像、沙铃

　　C. 帆船、埃菲尔铁塔、防晒乳、草帽

　　D. 防晒乳、巴哈马旅游手册、太阳眼镜、沙铃

42. 知觉服务场景是一种_____，难以衡量但会对员工及顾客内在反应及行为产生极大的影响。

A. 品牌形象　　　　　B. 知觉形象　　　　　C. 企业形象　　　　　D. 心智形象

43. 下列哪一项不是对气氛的正确描述？

A. 气氛可作为传递给潜在顾客信息的媒介

B. 气氛通过消费者的感官享受去创造体验

C. 气氛不是实体环境要素而是一种体验的呈现

D. 气氛可作为创造心情的媒介

44. 下述哪一项不属于促进顾客间良好互动的措施？

A. 经济舱机票售完时，航空公司地勤人员将候补的乘客直接转至其他航空公司

B. 旅馆业者在相同地方建构三栋不同建筑物，将一般散客、团客及 VIP 客人分开

C. 旅馆于傍晚某个时段免费提供客人酒和奶酪以提供交流

D. 汽车旅馆在交谊厅放置舒适的家具及咖啡桌

45. 以下有关高、低负荷环境的叙述，哪一项正确？

A. 明亮颜色、高频率的人群活动及喧闹的声音为低负荷环境的基本要素

B. 通常商务旅客回到旅馆后，会期待处于高负荷的环境中

C. 大都市中的知名饭店倾向于创造高负荷环境以吸引顾客

D. 在寂静的乡村民宿的夜晚，创造高负荷的环境较能吸引伦敦客

46. 文化旅游的消费群具有被特定文化元素吸引的特质，因此下述哪一种旅客特征能得到较高文化旅游体验？

A. 收入高、教育程度高、年龄层较低　　　　B. 教育程度高、年龄层低、男性

C. 收入高、教育程度高、年龄层较高　　　　D. 教育程度高、年龄层低、女性

47. 下列关于体验营销的描述，哪一项不正确？

A. 在体验媒介中，相较于服务功能，实体环境与服务人员大脑的潜意识层面运作相关

B. 购买决策模型中少了传统理性消费者决策模式中的信息收集，多了消费愿景

C. 消费者极少回顾或评估整个购买过程，强调经历胜过一切

D. "想要吃大餐"为体验动机，"食物美味"为预期体验，前者会影响后者

48. 关于莫拉比安—罗素（Mehrabian-Russell）刺激反应模型的叙述，哪一项不正确？

A. 驱动行为的主要因素除了感受以外，还得依靠知觉与思考

B. 一个同时具有"愉悦的—沉睡的"特质的环境，会使顾客产生趋避行为

C. 越复杂的认知过程对情感所产生的影响越大

D. 不同复杂程度的知觉或认知过程，对情感并无影响

49. 迪士尼乐园中的布景是非常重要的服务环节，下列哪一项不是此环节想要呈现的内涵？

A. 布景陈设　　　　　B. 主题营造　　　　　C. 服务质量　　　　　D. 感官体验

50. 下列哪一种方式属于服务实体环境中，引发消费者特定反应的范例？

A. 游乐园会在开园时播放节奏轻松愉快的音乐

B. 饭店以高挑设计与名贵建材，凸显其气派形象

C. 咖啡厅店内设计有许多讨论小空间，方便消费者相互交流

D. 机场设立快速报到服务，让旅客有效率完成入住手续

51. 下列哪一项不属于消费者趋近行为？

A. 到访   B. 省钱   C. 待在现场   D. 再度光临

52. 服务场所中的社会互动，包含_____。

A. 员工间的互动   B. 员工与顾客的互动

C. 顾客间的互动   D. 以上皆是

53. 麦当劳会在店面贴出当月优秀服务员工照片，此活动设计主要的目的是_____。

A. 激励员工   B. 让员工产生竞争心态

C. 营造氛围   D. 吸引消费者

54. 诚品书店的信义旗舰店，首创24小时不打烊的营业模式，吸引许多国内外游客前往游览。下列哪一项不属于其吸引人潮的实体环境因素？

A. 诚品书店的文化氛围   B. 诚品书店的装潢设计

C. 诚品书店的人员服务   D. 诚品书店的设施服务

55. 下列哪一种服务不是考虑提供顾客参观的方便性？

A. 迪士尼乐园让游客坐在火车上，游览整个园区

B. 回转寿司提供小火车载运食物，让消费者可以在看到喜欢的餐点时直接取用

C. 国际机场在航站间会提供接驳电车

D. 海洋生物馆的玻璃隧道内，旅客只要站在输送带上，即可看到四周鱼群

56. 五角船板连锁餐厅以独特外观造型与特色的内部装潢，吸引消费者进入餐厅消费。此属于旅游实体环境角色中的哪一种？

A. 树立形象，确立定位   B. 方便服务的传递

C. 促进人员交流   D. 引发特定的反应

57. 旅游产业业者为了让员工与顾客有更多的人员相互交流，应采用下列哪一种方式为佳？

A. 提供开放式的厨房，让顾客可以边吃饭，边看到厨师的手艺并与其互动

B. 提供让顾客可以避免外界打扰的包厢服务

C. 让员工可以装扮成玩偶，穿梭在服务的场域中

D. 开设网络顾客服务专区，让顾客可以随时提供其消费建议

58. 实体环境中的某些线索会被消费者解读并赋予某种意义，进而影响消费者的情绪。

下列哪一项属于此种方式？

    A. 韩国某些旅游景点会以其为某部偶像剧的拍摄场景为主要的营销卖点

    B. 电影《魔戒》主要的拍摄景点是在新西兰，故其旅游局以此为营销卖点

    C.《甄嬛传》连续剧引发中国台湾游客前往北京故宫游览的热潮

    D. 以上皆是

【章节详解】

1. （B）【题解】拥挤为不正常现象，会使得游客满意度下降，减少停留时间，往往是由于流量管制不当。

2. （C）【题解】一致性意指各服务环境要素间均传递相似的意义且彼此搭配。

3. （D）【题解】S代表外界刺激（Stimuli），O代表内在反应（Organism），R代表外在行为反应（Responses）。

4. （A）【题解】通过广泛地使用米老鼠的图案与形象，可以促使迪士尼传递更一致的品牌形象。

5. （C）【题解】注意网站美学质量是为了要创造适当的形象。

6. （D）【题解】实体环境中包括其他顾客、空间装潢、服务人员外表以及所用物品，乃至感官可以感受到的其他部分均属于实体环境。

7. （C）【题解】此举主要在提高顾客整体价值感，并不属于提高生产力或加速服务流程，亦不能帮助顾客正确使用服务。

8. （C）【题解】符号意义的运用属于认知反应。

9. （B）【题解】趋近或回避反应为行为反应。

10. （B）【题解】旅行社在网站的行程说明上展现景点的照片、住宿饭店的装潢，甚至是以前旅客的照片并无法加速服务流程的进展。

11. （D）【题解】开放式厨房属于后场可视化的形态，研究指出可以增加整体价值感，降低顾客知觉风险，并促使员工注意服务质量。

12. （D）【题解】凡是顾客与员工可能通过感官接触到的部分，皆属实体环境要素。

13. （C）【题解】雄狮旅行社的主要目的在于营造新的雄狮旅游品牌形象。

14. （D）【题解】自助式报到机器减少了服务人员与顾客互动的机会，而非增加。

15. （A）【题解】通过融汇电影主题的崭新项目及表演，可以促使环球影城传递更一致的品牌形象。

16. （A）【题解】通关注意事项通过电视屏幕公告可以帮助顾客预期后续的服务流程所需进行的活动，故主要是在帮助顾客正确使用服务。

17.（C）【题解】符号与象征因素是指空间中用来提供信息或传递意义的服务场景要素。

18.（D）【题解】属于内在反应—认知反应，符号意义：顾客会对实体环境中许多线索解读并赋予某种意义。

19.（A）【题解】注意餐厅美学质量是为了要符合"高价位=高质量"的形象，以及提升顾客对于餐厅价值的评价。

20.（D）【题解】实体环境设施可以帮助顾客正确使用服务（如导引标志），可以提高整体价值感受（如气氛营造），亦可以帮助员工提高生产力与质量（如改善工作计划），故以上皆是。

21.（D）【题解】（D）恶性或恐怖事件属于社会风险。

22.（D）【题解】服务场景包含了气氛、机能以及符号与象征三个方面。

23.（C）【题解】此举主要在引发消费者特定的心理与行为反应，让顾客"看"得食指大动，促进消费，并不属于提高生产力或加速服务流程，亦不能帮助顾客正确使用服务。

24.（C）【题解】格鲁恩转移效果能让消费者忘记原先的购买目标而产生冲动性的购买。

25.（C）【题解】消费者这种自己推断并认为错不了的想法，即为信念。

26.（D）【题解】自动查验通关系统是采用计算机自动化的方式，结合生物辨识科技，让旅客可以自助、快速、便捷地出入关，可以疏解查验柜台等候时间，加快通关速度。

27.（D）【题解】格鲁恩转移效果能让消费者忘记原先的购买目标而产生冲动性的购买。

28.（D）【题解】与展示品互动可以帮助顾客理解展示品的内涵（教育），通过感官可以丰富整体经验（感官），更能够获得情绪上的愉悦感（娱乐），故以上皆是。

29.（C）【题解】中国移动的主要目的在于在新的通信技术领域中营造崭新品牌形象。

30.（B）【题解】在机场内提供额外的设施，可以提升旅客在机场内整体价值的感受。

31.（B）【题解】此模型讨论的是实体环境如何影响顾客及员工的心理及行为，并未讨论组织管理层面。

32.（A）【题解】消费者这种自己推断并认为错不了的想法，即为信念。

33.（B）【题解】周遭环境、空间/功能、标志为实体环境构面的三要素。

34.（B）【题解】运用实体环境要素能带来方便服务传递的效益，回转寿司的小火车设计即是实体环境。

35.（C）【题解】广告并非实体环境的应用。

36.（C）【题解】员工与顾客的特性为SOR模型中的调节变量，顾客趋近行为是模型中的"外在行为"而非"调节变量"。

37.（D）【题解】利用员工和顾客间的互动，故为促进人员交流。

38.（D）【题解】色彩归属于实体环境构面因素中的周遭情境，红、黄、橘是旅游餐饮业最常用来激发消费者热情及强烈情感的暖色系颜色，如麦当劳。

39.（A）【题解】全服务的餐厅一般都会推出季节菜单，加勒比是热带岛屿，放上带有热带风味符号的卡片让顾客知道有新菜单是首要任务。雷鬼音乐才是合适的音乐。

40.（B）【题解】服务场景的内外部设计对消费者而言，是一个整体的概念，会同时影响服务质量的评估。

41.（A）【题解】草帽、坎昆是象征墨西哥的物品，太阳眼镜、浴巾则为去海边的必备物品，以此四样物件为装饰便能让消费者与墨西哥海滩产生联结。

42.（D）【题解】知觉服务场景是一种心智形象。

43.（C）【题解】气氛为实体环境构成的要素之一，为创造体验的重要因素。

44.（A）【题解】未经询问而将候补的乘客直接转至其他航空公司，会造成与顾客负向的互动。

45.（D）【题解】在偏僻城镇中的游客往往偏好喧闹的餐厅及夜店，与其生活形态较为相近，因此高负荷的环境会独具吸引力。

46.（C）【题解】文化旅游需要进行大量的信息收集，具有丰富的人生阅历且讲究精致消费，因此消费者的收入、教育程度及年龄层均偏高。

47.（B）【题解】体验营销中的消费者仍会进行信息收集，但较为有弹性且采用探索式的。

48.（B）【题解】"愉悦的—沉睡的"特质的环境，会创造令顾客喜欢的轻松感。

49.（C）【题解】服务质量主要是整体工作人员所提供的服务内涵，而布景主要是希望通过主题营造与布景陈设等来营造氛围，进而强化客人的感官体验。

50.（A）【题解】游乐园会在开园时播放节奏轻松愉快的音乐，主要是希望可以引起游客的愉快心情，进而能引起较佳的游园反应。

51.（B）【题解】消费者不愿意花钱购买，只想省钱，是属于逃避的行为。

52.（D）【题解】上述所有活动皆属于社会互动的内容。

53.（A）【题解】此题主要属于实体环境中的标志/装饰，而此处主要是希望通过张贴优秀员工照片，进而激励员工。

54.（C）【题解】人员服务并不属于实体环境的因素，故此答案不正确。

55.（B）【题解】回转寿司的小火车主要是节省人力与增进服务效率，亦可增加消费者在消费期间的趣味性。

56.（A）【题解】因为五角船板主要通过突出的外观设计与内部装潢，凸显其经营理念与风格特色，期望在竞争者中产生差异化，并脱颖而出，故此属于树立形象，确立定位。

57.（A）【题解】因为此题主要是希望可以促进员工与顾客的交流，故答案（A）才有机会产生双方的互动与交流机会。

58.（D）【题解】此三项答案，皆属于可以引发消费者情绪的实体环境的设计方式。

第八章　服务流程

1. 以旅游产品而言，在销售人员常使用的发掘客户的方式中，下列哪一项不适当？

A. 与互补性的旅游产业交换客户名单　　　B. 参与各种公众活动

C. 向既有客户征询推荐名单　　　　　　　D. 与竞争者时有互动

2. 下列项目皆为销售人员的工作重点，请依序排出最适合的顺序。甲：商品展示与解说；乙：充实销售前的准备工作；丙：应对客户的要求和协调异议；丁：主动发掘客户；戊：完成交易及后续追踪。

A. 丁乙甲丙戊　　　　B. 乙丁丙甲戊　　　　C. 丙丁乙甲戊　　　　D. 乙甲丁戊丙

3. 服务质量的好坏有两项重要的观察指标，分别为_____。

A. 服务的一致性与服务的效率　　　　　　B. 服务的水平与质量的一致性

C. 服务的一致性与人员的态度　　　　　　D. 质量的水平与服务的实时性

4. 下列哪一项不是对关系营销的正确认识？

A. 形成因素可能因利益或是因人情和社交

B. 优质评价对于关系营销有正面帮助

C. 短期的经营即可获得成效

D. 定期寄出商品信息或报纸杂志是关系营销的做法

5. 何谓"破水桶理论"？

A. 指服务业中，没有做好服务的服务人员

B. 指服务业服务质量未保有一致性

C. 指公司应将有限资源集中给值得培养关系的老客户

D. 指不适任的服务人员应适时被淘汰

6. 下列哪一种员工态度有助于增加顾客忠诚度？

A. 对顾客的抱怨感到无所谓的　　　　　　B. 正向积极的

C. 随和的　　　　　　　　　　　　　　　D. 无威胁性的

7. "要求学员针对真实工作中可能遭遇的问题处理响应，而非单纯听从授课者的讲解"，称为_____。

A. 角色扮演　　　　　B. 篮内训练　　　　　C. 始业训练　　　　　D. 职前训练

8. 正确的训练程序四步骤依序为_____。

A. 决策，设计，执行，评估　　　　　　　　B. 评估，设计，决策，执行

C. 设计，评估，管理，执行　　　　　　　　D. 管理，评估，设计，执行

9. 下列哪一项不属于餐厅营运的关键成功因素？

A. 正确的理念　　　B. 执行力　　　C. 满足员工的期待　　　D. 服务

10. 下列对外卖服务的描述，哪一项正确？

A. 可增加餐厅的单位面积收益　　　　　　　B. 增加服务线

C. 学生和上班族都可能是其消费群体　　　　D. 以上皆是

11. 下列对于现今顾客行为的认知，哪一项不正确？

A. 顾客要求完美，对于服务水平更加注重细节部分

B. 期待更多元的选择与服务

C. 重视价格胜于价值

D. 对于所处的环境愿意表达其意见

12. 迪士尼乐园的服务守则中排名第一位的，是下列哪一项守则？

A. Show　　　　　B. Courtesy　　　　　C. Safety　　　　　D. Efficiency

13. 五星级的饭店会主动提供高级的提袋以便住客将饭店内的备用品带走以做纪念，此措施是为了克服观光产品的_____。

A. 易变性、易灭性　　　　　　　　　B. 无形性、不可分割性

C. 无形性、缺乏所有权　　　　　　　D. 不可分割性、易灭性

14. 失败的服务常导致许多负面的结果，除了客人私底下的抱怨外，严重者可能还会寻求法律途径，对业者名誉影响极大。下列对于解决服务失败的办法中，哪一项不适当？

A. 了解顾客的需求

B. 给予顾客补偿措施

C. 承认错误，快速反应

D. 如顾客有错，应与其争论，并请主管代为处理

15. SERVQUAL 量表是由美国教授 A. Parasuraman，Valarie A. Zeithaml 和 Leonard L. Berry 三人所提出的"服务质量概念模式"中的服务质量的 10 种属性演化而来，并整合为五个维度。下列哪一项不包括其中？

A. 可靠性　　　　　B. 反应性　　　　　C. 同理性（移情性）　　　D. 无形性

16. 林小姐是一位餐厅主管，每当她看见一位生气的客人，就让她感到将要失去一位宝贵的顾客。此种论述最符合下列哪一项理论？

A. 顾客忠诚度　　　B. 顾客终身价值　　　C. 市场评估　　　D. 市场占有率

17. 卢森布鲁（Roserbluth）旅行社想要"以客为尊"，但提出"顾客第二"，因为良好的服务其先决条件是要有好的_____。

A. 员工　　　　　　　B. 基层主管　　　　　C. 高阶主管　　　　　D. 老板

18. 连锁餐厅为统一专业化管理与规划的经营方式，能使其达到最佳的经济效益与最大的冲击力。下列有关该餐厅"一般特性"的叙述，哪一项有误？

A. 应具备的餐饮专业技术层次较低　　　B. 原料大部分采用半成品

C. 食谱标准化、分量一致化　　　　　　D. 业主可主导整个作业

19. 在国际连锁旅馆或航空公司这些企业中，无法允许怪异的发型或随性的穿着，是因为下列哪一项公司政策？

A. 企业形象要保守　　　　　　　　　　B. 企业形象要统一

C. 企业形象要高级　　　　　　　　　　D. 企业形象要美丽

20. 现今餐饮呈现多元服务方式，诸如法式、美式、英式及中式等各有特色。下列有关法式服务的论述，哪一项有误？

A. 通常是在高级的法国餐厅或大型西餐厅才会采用的服务方式

B. 又称为手推车服务

C. 餐点内容依出餐顺序包括前菜、汤、（中间菜）、色拉、主菜、（吉士+酒）、甜点

D. 消费市场有限制，但在中国却有逐渐增加的趋势

21. 若一家在线旅行代办中心寄给它的顾客一封电子邮件，以告知一个关于加勒比游艇旅行的优惠信息。此例最能解释下列哪一种概念？

A. 分销　　　　　　　　　　　　　　　B. 作业管理

C. 推广　　　　　　　　　　　　　　　D. 产品或服务管理

22. 若雄狮旅行社要为大公司设计具有独特性的专门服务，下列哪一个方案是他们应该考虑的？

A. 优先划位　　　　　B. 度假俱乐部　　　　C. 旅游考察团　　　　D. 保证最低票价

23. 当销售人员发现另一个产品比原先推荐给顾客的产品更能满足顾客需求时，下列哪一项为最佳做法？

A. 进行产品展示　　　B. 建议替代方案　　　C. 回应顾客抱怨　　　D. 询问更多信息

24. 某家航空公司主打要招聘到"最具有人情味"的空服员，其主要因素为_____。

A. 让旅客有愉快的飞行体验　　　　　　B. 让旅客有宾至如归的感觉

C. 强调其要带给旅客的服务文化　　　　D. 以上皆是

25. 为了确保数据安全，前台人员应如何服务来前台询问住房顾客房号的人？

A. 直接表明并无职权透露房客信息

B. 将房号写于纸上以防止周围的人听到

C. 请询问者使用电话与房客联系

D. 给询问者中央预约系统的电话号码，并请其自行前去取得房号

26. 在旅游与接待业中，消费者参与服务传递系统的过程可区分为哪三个阶段？

A. 导入—消费—成熟

B. 导入—消费—离开

C. 投入—成熟—离开

D. 导入—消费—衰退

27. 下列叙述中，哪一项属于服务业中的"消费阶段"？

A. 顾客开始询问接触

B. 顾客开始参与产品试用

C. 顾客上网反映消费意见

D. 顾客开始用餐

28. 旅游产业与传统产业在顾客价值传递过程中最大的差异在于＿＿＿＿＿＿＿＿。

A. 员工与顾客互动与否

B. 顾客参与与否

C. 中介商的存在与否

D. 服务时间的长度

29. 下列哪一项是最能真正体验当地旅行或观光服务的最佳范例？

A. 旅行袋纪念品

B. 景点明信片

C. 四星级餐厅的晚餐

D. 巴士导览外加住宿

30. 饭店的营销人员在顾客离店前，给予小纪念品或值得回忆的照片，是因为旅游产品具有下列哪一种特质？

A. 易变性、易灭性

B. 无形性、缺乏所有权

C. 无形性、不可分割性

D. 不可分割性、易灭性

31. 在旅游产业中，消费者容易产生不确定感与知觉风险，此现象说明服务相较于实体产品具有较多的哪一种属性？

A. 信任、经验

B. 搜寻、经验

C. 搜寻、信任

D. 搜寻、信任、经验

32. 有关旅游产品的不可分割性，下列叙述哪一项不正确？

A. 进行产品元素的考虑时，应包括餐点、服务员态度及其他消费者

B. 主动提供信息，让消费者了解消费流程与适切行为

C. 组织遴选、聘雇及训练员工以提高服务价值

D. 进行服务质量的评估时，应考虑服务场所的设备等实体环境

33. 关于服务蓝图的叙述，下列哪一项不正确？

A. 主要是以业者的观点出发设计而成的服务传递系统

B. 互动线代表房客与旅馆员工进行接触

C. 内部互动线是代表用来服务房客的内部支持系统

D. 是作为降低服务多变性、创造一致性的有效工具

34. 下列关于服务利润链的叙述，哪一项不正确？

A. 内部营销必优先于外部营销

B. 互动营销指认知的服务质量取决于服务接触时，员工与顾客互动的质量

C. 包含员工能力循环、员工满意度循环、顾客忠诚度循环、企业盈利循环，以顾客忠诚度循环为主轴

D. 互动营销中，服务成果及服务人员对消费者而言同等重要

35. 下列关于服务类别的叙述，哪一项不正确？

A. 自助型服务优势在于降低成本，劣势为顾客回馈回收困难

B. 套装式服务着重于以较低的价格吸引顾客

C. 远距教学属于直接型服务

D. 事前服务型的顾客需花较多的时间收集信息并对服务效率要求高

36. 游乐园若要为家庭客群营造一个欢乐、亲切氛围的娱乐环境，位居第一线的员工应该采取下列哪一种行动以维持此形象？

A. 在门口发放园区日常活动及表演的传单

B. 发展能强化园区娱乐环境的公关活动

C. 了解园区配置及确保园区的清洁可达到最佳营运状态

D. 规划游乐园一系列营销活动

37. 在服务过程中，产生有利行为意图可能性的顾客形态，依可能性由大至小的排列为_____。

A. 问题被有效解决>未遭遇问题>问题未能被解决

B. 问题被有效解决>问题未能被解决>未遭遇问题

C. 问题未能被解决>未遭遇问题>问题被有效解决，则顾客会感到正向失验

D. 未遭遇问题>问题被有效解决>问题未能被解决

38. 下列关于服务失误致服务补偿的叙述，哪一项是正确的？

A. 所有的服务失误都是顾客不能接受的

B. 服务失误反应群体中，相对于消极者、表达抱怨者及愤怒者，积极者会为企业带来较大的伤害

C. 一般而言，竞争市场的顾客抱怨频率大于独占市场的顾客抱怨频率

D. 为防止抱怨的光环效应，企业应全力阻止顾客抱怨

39. 服务补偿的程序为_____。

A. 进行服务缺失沟通及分类、确认服务缺失、补偿顾客、改善整体服务

B. 确认服务缺失、进行服务缺失沟通及分类、补偿顾客、改善整体服务

C. 进行服务缺失沟通及分类、确认服务缺失、补偿顾客、改善整体服务

D. 确认服务缺失、进行服务缺失沟通及分类、改善整体服务、补偿顾客

40. 市场调查研究的改善、组织扁平化及管理者与员工间培养较佳的沟通模式，可以缩小下列哪一个质量缺口？

A. 缺口一：顾客期望与管理者认知间的缺口

B. 缺口二：管理者认知与服务质量规格间的缺口

C. 缺口三：服务质量规格与服务传递间的缺口

D. 缺口四：服务传递与外部沟通间的缺口

41. 旅游产业服务的特性包含无形性、不可分割性、异质性与不可储存性，其中哪一种特质与 SOP（标准作业程序）的制定有绝对关系？

A. 无形性　　　　　B. 不可分割性　　　　C. 异质性　　　　D. 不可储存性

42. 许多航空公司会通过超卖舱位（航班座位）方式来营运，这主要是要解决下列哪一项服务特性的问题？

A. 无形性　　　　　B. 不可分割性　　　　C. 异质性　　　　D. 不可储存性

43. 电视购物的主持人，常会邀请明星分享其住宿过的饭店照片或影片。此战略主要是想要让消费者获得下列哪一项服务？

A. 服务具体化　　　B. 服务标准化　　　C. 服务效率化　　　D. 服务稳定化

44. 服务特性与下列哪一项产品属性有关系？

A. 经验属性　　　　　　　　　　　　　B. 信任属性

C. 与经验和信任皆有关系　　　　　　　D. 与经验和信任皆无关系

45. 下列哪一项服务属于服务有形化的呈现方式？

A. 巴厘岛的高级别墅都会在蜜月行的客人床上放上大量的玫瑰花瓣

B. 剑湖山号称拥有全亚洲最大的摩天轮

C. 薰衣草森林强调感动客人的幸福服务

D. 六福庄生态度假旅馆提供打开房间窗户即可看到野生动物的景观

46. 下述服务方式，哪一项最能增进顾客的信赖感？

A. 提供顾客免费的饮料试喝　　　　　B. 料理师傅直接在顾客面前料理食材

C. 增加硬设备　　　　　　　　　　　D. 重新装潢

47. 领队人员往往是海外团体旅游服务质量好坏的关键因素，下列哪一种战略最能增加领队人员的服务素质？

A. 要求领队人员的学历　　　　　　　B. 增加薪水与红利

C. 定期由资深优良的领队进行在职训练与分享　　D. 以上皆是

48. 下列有关服务三角形的论述，哪一项不正确？

A. 定位、定价与推广等属于外部营销的内涵

B. 训练并激励员工的过程，属于内部营销的内涵

C. 服务人员运用专业知识与技巧，为消费者提供服务，属于外部营销的内涵

D. 加强内场员工的服务认知，也属于内部营销的内涵

49. 下列有关旅游服务业的冲突类型，哪一项描述正确？

A. 当员工面对无理取闹的顾客时，容易产生员工角色的冲突

B. 某家火锅餐厅要求员工，当顾客要求加汤时，需要向顾客收取加汤费用，这时员工很难与顾客开口，便会产生员工与组织的冲突

C. 餐厅前场服务人员需要转达消费者对餐点不满的意见给内场厨师，这时很容易产生员工间的冲突

D. 以上皆是

50. 第一线服务人员是最重要的接触客人的角色，身为主管该如何在服务过程中协助第一线服务人员以最快速解决顾客抱怨？

A. 主管应随时观察第一线服务人员的情绪状态

B. 适当授权给第一线服务人员去解决顾客问题

C. 只要遇到问题，便由主管前往解决并与客人沟通

D. 常与员工一起检讨客人的抱怨类型与事项

51. 旅行社的电话销售人员，其主要的工作任务为＿＿＿＿＿＿＿＿。

A. 发掘顾客　　　　B. 与顾客沟通　　　　C. 推销旅游产品　　　　D. 以上皆是

52. 某五星级旅游饭店要吸引更多的消费者前往住宿。下列哪一种销售服务，最能吸引信赖口碑营销的消费者？

A. 电视广告　　　　　　　　　　　　　B. 平面广告

C. 人员电话销售　　　　　　　　　　　D. 网络旅游博客分享

53. 义大游乐世界在其网站上通过自制动画来吸引游客前往消费。此属于 AIDA 模式中的哪一阶段？

A. 引起消费者的注意　　　　　　　　　B. 激发消费者的兴趣

C. 诱导消费者的渴望　　　　　　　　　D. 采取购买行动

54. 改善员工服务质量的训练方法有许多种方式。下列哪一种方式最适合游乐园的兼职员工，并帮助其快速吸收与学习？

A. 主管上课　　　　B. 实习模拟演练　　　　C. 个案讨论　　　　D. 影片教学

55. 服务人员是旅游产业的核心资源，因此服务人员越是具备下列哪一项特点，就越能协助企业获得更多竞争优势？

A. 不可取代性　　　B. 有价值性　　　　C. 难以模仿性　　　　D. 以上皆是

56. 下列哪一位服务人员角色属于高接触服务人员？

A. 饭店内的客房服务人员　　　　　　　B. 游乐园内的游乐设施服务人员

C. 航空公司的地勤人员　　　　　　　　D. 旅行社的领队人员

57. 要让员工有好的服务表现，必须先满足能强化员工成长的激励因素。下列哪一项不属于激励因素？

A. 奖金红利　　　　　　　　　　　　B. 舒适的工作环境

C. 良好的升迁渠道　　　　　　　　　D. 工作表扬

58. 服务蓝图是指呈现服务程序与细节的流程图。下列哪一项不是其组成要素？

A. 服务流程　　　　B. 虚拟环境　　　　C. 负责单位　　　　D. 工作重点

59. 下列哪一项活动属于消费者参与度较高者？

A. 到餐厅用餐　　　　　　　　　　　B. 担任义工，参与净滩活动

C. 一对一的潜水训练　　　　　　　　D. 到美容院洗发

60. 香格里拉休闲农场设计许多游客 DIY 的活动。此活动最主要的目的是让游客能获得下列哪一项体验？

A. 参与及体验　　　B. 学习与成长　　　C. 增加经验　　　D. 创造回忆

【章节详解】

1.（D）【题解】（D）应是要接触所有潜在客户可能参与的协会和组织，以扩大销售的利基。

2.（A）【题解】销售人员的工作重点：主动发掘客户→充实销售前的准备工作→商品展示与解说→顺应客户的要求和协调异议→完成交易及后续追踪。

3.（B）【题解】两项质量优劣的重要观察指标：一为服务的水平；二为质量的一致性。

4.（C）【题解】（C）关系营销有赖于长期的经营，非短时间内即可达成，且销售人员需十分细腻，投顾客所好。

5.（C）【题解】此理论为莱斯特伟门（Lester Wunderman）在其著作 *Being Direct：Making Advertising Pay* 中所提出的理论，指出旅游产业应定期整理客户的数据库，对于不活跃的客户（如久无消费者）应停止寄送商品信息，节省成本。

6.（B）【题解】在乎服务质量的公司知道满足员工即能满足顾客这一概念，因此拥有具正向积极态度的员工对满足其顾客忠诚度必有推波助澜的效果。

7.（A）【题解】（A）角色扮演（Role Playing）：要求学员针对真实工作中遭遇的问题回应，而非听他人讲解、讨论如何处理问题，如客诉处理即为此种活动的训练。

8.（A）【题解】根据 Samuel Certo 和 S. TrevisCerto（2006）所著的《现代管理学（Modern Management)》一书所提及，训练程序四步骤应为决策（Determining）、设计（Designing）、执行（Administering）和评估（Evaluating）。

9.（C）【题解】（C）应改为满足消费者的期待。

10.（D）【题解】以上皆为正确描述，另外关于外卖食物保温的问题应是餐厅业者需注意的事项。

11.（C）【题解】（C）应改为重视价值胜于价格；消费者期望被感动以及个别化的服务和更难忘的消费体验。

12.（C）【题解】根据迪士尼的服务守则规定，排名第一顺位的守则是要注重游客的安全（Safety）。

13.（C）【题解】饭店中的服务或设施都不能带回，故为无形性，即缺乏所有权。

14.（D）【题解】（D）第一步都应先承认错误，不和顾客争论，再请主管代为处理后续事项。

15.（D）【题解】SERVQUAL（Service Quality）：有形性（Tangibles）、可靠性（Reliability）、反应性（Responsiveness）、保证（Assurance）、同理心（Empathy）。

16.（B）【题解】顾客终身价值指的是每个购买者在未来可能为企业带来的收益总和，并且每个客户的价值都由三部分构成：历史价值、当前价值和潜在价值。

17.（A）【题解】（A）员工，希望员工如何待客，也要如何待员工。

18.（D）【题解】业主无法亲自主导整个作业，甚至有时不能过问经营者的决策。

19.（B）【题解】无法允许怪异的发型或随性的穿着是因为企业形象要统一。

20.（D）【题解】法式西餐厅由于有多项市场限制，如人事成本较高、餐厅的翻台率低、提供桌边服务使得用餐区可摆设座位相对较少等的缘故，在中国有逐渐减少的趋势。

21.（C）【题解】推广包含与顾客进行沟通并寄送能说服及提醒消费者购买的信息等行动；产品或服务管理为营销的功能，旨在改进产品或服务以取得市场机会。

22.（B）【题解】提供特别的度假套装行程或优惠的度假行程较能吸引公司员工，保证最低票价及优先划位是所有旅行社均会用的营销手法，旅游考察团则为会议规划型客户的需求。

23.（B）【题解】因为销售人员已知道另一产品更能满足消费者的需求，故应直接提出替代方案建议，然后才进行产品展示。

24.（D）【题解】（D）以上皆是。

25.（C）【题解】柜台人员有责保护房客的隐私及安全，因此绝对不能把房号给他人，但亦应协助取得联系，以协助创造新客户。

26.（B）【题解】导入—消费—离开为旅游与接待业中，消费者在服务传递系统的参与过程。

27.（D）【题解】顾客开始使用服务时就进入了消费阶段。

28.（B）【题解】服务业具有消费与生产不可分割的特性，因此顾客的参与是传递顾客价值的关键。

29.（D）【题解】营销一项旅行或观光服务，指营销无形的产品而非有形的产品，通常体验、旅行袋、明信片及晚餐都是有形的产品；巴士导览及住宿属于无形服务。

30.（B）【题解】饭店中的服务或设施都不能带回，故为无形性，即缺乏所有权。

31.（A）【题解】无形服务有较多的经验及信任属性，实体产品则具有搜寻属性。

32.（C）【题解】训练员工以提升服务质量是因为服务具有多变性。

33.（A）【题解】服务蓝图中包含从顾客观点看到的服务证据。

34.（C）【题解】以企业盈利循环为主轴。

35.（B）【题解】套装式服务主要在于增高每单位服务使用，并创造能提高价格的机会。

36.（C）【题解】只有清楚了解园区配置以协助顾客到达顾客想去的地方是第一线员工的职责所在，其他三项均非第一线员工的职责。

37.（D）【题解】无服务失误的产生，便无服务补救无效的风险，故未遭遇问题的顾客的有利行为意图高。

38.（B）【题解】服务失误可分为可接受、不可接受与非常不可接受；企业应鼓励并训练顾客抱怨。

39.（A）【题解】服务补救程序为：进行服务缺失沟通及分类、确认服务缺失、补偿顾客、改善整体服务。

40.（A）【题解】上述这些做法可缩小顾客期望与管理者认知间的缺口。

41.（C）【题解】因为旅游产业的异质性，会产生服务质量无法稳定，故必须通过服务标准作业流程，稳定服务人员的服务水平。

42.（D）【题解】因为航空机位具有不可储存的特性，故需要采用超卖方式来维持一定的客人购票率。

43.（A）【题解】此主要是希望通过住宿饭店的照片或影片，降低消费者对产品无形性特性的问题，进而增加其对产品服务更有形且具体化的了解。

44.（C）【题解】服务的无形性主要与三种产品属性有关，分别为搜寻属性、经验属性及信任属性。

45.（A）【题解】此题仅有（A）是将服务结合要传达给消费者的理念，并通过实际的装饰与令客人意想不到的惊喜手法，强化服务有形化的效果。

46.（B）【题解】通过料理师傅直接在顾客面前料理食材，可以降低消费者心中对食材的疑虑，对业者产生信心，进而产生信赖感。

47.（C）【题解】为了提升领队人员的服务素质，最有效的方式可通过资深优良领队人员的分享与训练，提升相关从业人员的服务质量。

48.（C）【题解】有关服务人员运用专业知识与技巧，为消费者提供服务，此属于互动营销的内涵，并非外部营销。

49.（D）【题解】以上三项皆是常发生在服务流程中的冲突类型。

50.（B）【题解】此题重点为主管该如何在服务过程中，协助第一线服务人员能最快速解决顾客抱怨。因此，此题较佳的选项为（B）适当的授权，让第一线员工可以在遇到问题时，用最快速的方式替客人解决，避免更多的顾客产生抱怨。

51.（D）【题解】上述工作内容都是旅行社电话销售人员的工作内容。

52.（D）【题解】此题主要在于最能吸引到信赖口碑营销的消费者，因此网络旅游博客的分享，将会让消费者在网络上看到相关的故事，并通过别人的实际分享，产生信赖感，进而前往购买。

53.（A）【题解】因为自制动画呈现许多有趣的园区内的卡通角色，此主要是制造话题，引起消费者的注意。

54.（B）【题解】此题主要是针对兼职员工要快速学习为主，故建议采用实习模拟演练，让员工直接在现场学习，将有较佳的学习成效。

55.（D）【题解】此三项特性皆是重要的服务人员特性，当企业内的服务人员的这些特性越多，企业本身的内部资源就会更加强化，将会产生更多的竞争优势。

56.（D）【题解】因为旅行社的领队人员需要长时间与游客互动，并提供服务，因此其角色相比其他三者，属于高接触的服务人员。

57.（A）【题解】奖金红利属于保健因子，而不是激励因子。

58.（B）【题解】虚拟环境并不包含在服务蓝图的要素之内，此题正确答案应该是实体环境。

59.（C）【题解】消费者参与度共分为高中低三层级，而一对一潜水训练，消费者除了需要教练的指导外，同时也必须亲自参与练习，故此项活动相对其他活动而言，有较高的消费者参与度。

60.（A）【题解】通过让游客自己动手做的过程，能够让其参与活动并增加体验，进而影响其再次来游玩的意愿。

第九章　异业结盟

1. 下列哪一项属于异业结盟？

A. NEC、松下将和美国德州仪器合资成立公司

B. 肯德基与德克士炸鸡结盟

C. 肯德基与建材零售商百安居合作开设汽车餐厅

D.《人民日报》和《中华文化画报》结盟

2. 有关异业结盟成功关键的叙述，下列哪一项不正确？

A. 有共同明确目标 　　　　　　　　B. 应具备不同的组织文化

C. 应在互信、互助情况下共同履行约定 　　D. 应有互补的资源

3. 异业结盟的特性，不包括下列哪一项？

A. 互相交换的资源具有互补性质 　　　B. 永续性的结盟

C. 以契约方式合作 　　　　　　　　D. 为了创造双赢而结盟

4. 只要在商场超市消费满百元，即可获得游乐园的折价券。这属于下列哪一种异业结盟的方式？

A. 营销型结盟 　　　　　　　　　　B. 管理型结盟

C. 财务型结盟 　　　　　　　　　　D. 生产制造型结盟

5. 阿全黄梨酥并没有从事食品制造，而是与食品制造工厂结盟，以提供消费者所需。这属于下列哪一种异业结盟的形态？

A. 财务型结盟 　　　　　　　　　　B. 信息型结盟

C. 生产制造型结盟 　　　　　　　　D. 技术研究发展型结盟

6. 有关异业结盟的叙述，下列哪一项不正确？

A. 可创造营销规模经济 　　　　　　B. 可降低研发与生产成本

C. 可发挥合作结盟的综效 　　　　　D. 可互相牵制与制衡

7. 企业以联合采购的方式结盟，这属于下列哪一种类型的异业结盟？

A. 生产制造型结盟 　　　　　　　　B. 技术研究发展型结盟

C. 财务型结盟 　　　　　　　　　　D. 营销及售后服务型结盟

8. 华丽影城集点送星巴克折价券，以提升双方业绩的做法。这是下列哪一种结盟的方式？

A. 异业结盟 　　　　　　　　　　B. 直客营销

C. 同业间联合营销 　　　　　　　D. 跨国网络经营

9. 下列哪一项不是异业结盟的好处？

A. 增加顾客资源 　　　　　　　　B. 减少广告费支出

C. 培养顾客忠诚度 　　　　　　　D. 打击结盟企业

10. 下列哪一项不是寻找异业结盟的必要步骤？

A. 确认消费者及其需求 　　　　　B. 挑选结盟伙伴

C. 和欲结盟伙伴进行商谈 　　　　D. 彼此人员调换

11. 下列哪一项属于异业结盟？

A. 甲旅行社和乙旅行社共同推出套装行程

B. 甲酒店和乙酒店实行联合营销

C. 甲航空公司和乙航空公司提供转机服务

D. 甲旅行社和乙航空公司合作提出机加酒行程

12. 异业结盟的特性为＿＿＿＿＿＿＿＿。

A. 潜在冲突性高，组织间互动程度高 　　B. 潜在冲突性高，组织间互动程度低

C. 潜在冲突性低，组织间互动程度高 　　D. 潜在冲突性低，组织间互动程度低

13. 旅行社和酒店合作推出一泊二食的旅游行程。这属于下列哪一种形式的异业结盟？

A. 营销型结盟 　　　　　　　　　B. 技术研究发展型结盟

C. 财务型结盟 　　　　　　　　　D. 信息型结盟

14. 帝品餐厅和日眉游乐园推出到餐厅消费就送游乐园入场券。这属于下列哪一种战略联盟形态？

A. 供销联盟 　　　　　　　　　　B. 异业结盟

C. 同业竞争性联盟 　　　　　　　D. 同业非竞争性联盟

15. 下列哪一项不是异业结盟的特性？

A. 资源具互补性 　　　　　　　　B. 通过契约确保彼此权益

C. 契约具时效性 　　　　　　　　D. 产业背景具同构性

16. 甲航空公司考虑到舱位销售的营销情况，会选择与下列哪一项进行垂直异业结盟？

A. 另外一家航空公司 　　　　　　B. 旅行社

C. 空厨公司 　　　　　　　　　　D. 飞机制造公司

17. 下列哪一项不属于便利商店为其他企业提供缴费服务的动机？

A. 增加市场占有率 　　　　　　　B. 增加营业额

C. 增加知名度　　　　　　　　　　　D. 增加员工流动率

18. 若甲酒店欲寻求异业结盟对象，下列哪一项较有可能为优先选择的对象？

A. 拥有完整财务资源的乙酒店　　　　B. 知名度较低的航空公司

C. 客群丰富的旅行社　　　　　　　　D. 新兴的洗衣公司

19. 下列哪一项为异业结盟中的人力资源结盟？

A. 学校和酒店合作提供实习人才

B. 同酒店系统下的酒店进行人员轮调

C. 酒店在人力资源网站上刊登征人启事

D. 酒店通过猎头公司挖角其他酒店的主管

20. 下列哪一项属于异业结盟中的营销结盟？

A. 大朋酒店提供给小友旅行社住宿名单

B. 翱翔航空和信用卡公司推出刷卡满额送机票方案

C. 翱翔航空委托小荣货运公司运送行李

D. 翱翔航空和一品美食公司共同开发机上餐点

21. 关于异业结盟的描述，下列哪一项不正确？

A. 不同的生产者集结于同一个营销渠道中　　B. 结盟伙伴间须具有互补的组织文化

C. 将同一生产者的商品结合不同的营销渠道　D. 异业结盟可发挥垂直整合的优势

22. 消费者可到统一或全家超市提取高铁票，是因为业者间具有下列哪一种合作关系？

A. 特许加盟　　　　　B. 连锁加盟　　　　　C. 异业结盟　　　　　D. 同业结盟

23. 旅游相关院校的学生到饭店实习，此种合作方式属于下列哪一种结盟类型？

A. 生产型结盟　　　　　　　　　　　B. 销售型结盟

C. 后勤型结盟　　　　　　　　　　　D. 人力资源型结盟

24. 下列哪一项不是"制贩同盟"实例？

A. 王品与花旗银行合作，推出优惠方案以回馈忠诚顾客并吸引新客群

B. 资生堂与统一超市合作，由日本引进 Neuve 品牌的彩妆，主打少女客群

C. 星巴克咖啡在统一超市贩卖星巴克发现系列

D. COSCO 推出自有品牌 Kirkland Signature

25. 下列哪一项为垂直异业结盟的实例？

A. 旅游业者通过"中国饭店联合营销网"进行国内饭店产业的推广

B. 指将不同功能、不同产业的厂商结合在一起，共同进行促销活动

C. 厂商委托其他研发厂商进行新产品研发，并由厂商自行负责后续的生产、营销

D. 天仁吃茶趣以茶餐带动茶具的销售

26. 旅行业者较不易与商业银行以"联名卡"或"认同卡"的方式合作的原因中，下

列哪一项不正确?

  A. 旅行业消费者单次消费额低   B. 旅行业产品被替代性高

  C. 两个产业接触客群完全不同   D. 旅行业消费者消费频率低

27. 企业选择结盟伙伴的主要评选要素为下列哪一项?

  A. 双方组织目标一致   B. 对方具有互补性资源

  C. 对方的规模较大   D. 对方和其他厂商已有联盟经验

28. 下列关于异业结盟特质的叙述,哪一项不正确?

  A. 战略性的合作目标   B. 时间有时效性

  C. 契约式的合作基础   D. 皆为技术交换式的利益交换

29. 下列哪一项不是水平式异业结盟关系的叙述?

  A. 保险公司和旅行社的合作

  B. 百货公司内的内衣专柜与化妆品专柜的合作

  C. 饭店和租车公司的合作

  D. La New 公司下的国民旅游卡门市

30. 下列哪一项为同业态间通过多角化进行整合或是企业通过连锁方式占有市场的概念?

  A. 异业结盟   B. 水平整合   C. 垂直整合   D. 企业 e 化

31. 下列哪一项不属于异业结盟的选择原则?

  A. 消费目的不同   B. 商品略同价格一致

  C. 企业形象相近   D. 目标客户层相近

32. 下列关于不同功能类型联盟的叙述,哪一项正确?

  A. 马克威尔牌咖啡的生产厂家与日本第一屋制面包公司合作属于物流联盟

  B. 英国家具商(Laura Ashley)与联邦快递(FedEx)合作以改善存货控制属于产品或服务联盟

  C. 麦当劳与迪士尼的合作属于促销联盟

  D. 美国旅馆业与租车业间的折扣合作属于促销联盟

33. 下列哪一项不属于异业结盟具有的优势?

  A. 达到经济规模   B. 创造综效

  C. 提升组织学习效果   D. 提高进入障碍

34. 今生金饰与电视剧《流星花园Ⅱ》共同推出"流星"系列饰品的异业结盟模式,呼应下列哪一种营销观念?

  A. 病毒营销   B. 体验营销   C. 拉链营销   D. 置入性营销

35. 下列哪一项不属于 LV 与日本艺术家村上隆合作推出樱桃包产品的动机?

A. 创新产品，吸引年轻客群　　　　B. 亚洲市场规模的吸引力

C. 扩展新渠道　　　　D. 降低新商品开发风险

36. 迪士尼考虑是否授权予法兰瓷（Franz）生产带有迪士尼肖像的瓷器时，下列哪一项不属于其考虑因素？

A. 迪士尼品牌联想在消费者心中的强度如何

B. 被推断的迪士尼品牌联想在联合品牌情境中的独特性如何

C. 被推断的迪士尼品牌联想在联合品牌中的喜好度如何

D. 延伸品牌提供的证据与迪士尼品牌联想间是否具有互补性

37. 下列哪一项不是厂商进行异业结盟中所欲追求的特定资源？

A. 品牌资产与营销能力　　　　B. 市场知名度

C. 关键性技术能力　　　　D. 创意人才

38. 旅行社因处于不同旅行产业渠道层级而有不同的异业合作方式，下列哪一项叙述是正确的？

A. 旅行社在一级渠道中主要扮演中间商的角色

B. 旅行社为产业中的生产者，信用卡公司则为分销者

C. 进入障碍高为旅行社的优势

D. 旅行社通过异业结盟所发挥的价值始于二级渠道

39. 下列有关结盟关系的叙述，哪一项不属于营销资源的交换？

A. 中心卫星工厂　　　　B. 产品及售后服务代理

C. 区域共同营销　　　　D. 加盟体系

40. 运动鞋厂商如想进行异业结盟，另寻蓝海市场，在"保护包覆"、"避免受伤"、"提升运动表现"等原有专业运动鞋的功能外，另开创能吸引"重视流行时尚消费者"的产品。从长期来看，下列哪一项为最根本的营销战略？

A. 不用设计新产品，直接找时尚明星代言

B. 请广告商推出具有流行时尚调性的广告

C. 和流行设计公司合作，开发出"运动功能稍弱，但很时尚的鞋"

D. 和模特公司签约，长期赞助现有的运动鞋

41. 多元的战略联盟可弥补产业资源的不足，提高其附加价值。下列哪一项不是异业结盟一开始签订时的首要考虑？

A. 创新或品位　　　　B. 互补性

C. 长期性绩效　　　　D. 增加核心竞争力

【章节详解】

1. (C)【题解】快餐品牌肯德基与建材零售商百安居产业不同。

2. (B)【题解】不同的组织文化并不是异业结盟成功的关键。

3. (B)【题解】异业结盟的契约具时效性。

4. (A)【题解】消费满百元送折价券的方式属于营销型结盟。

5. (C)【题解】未自行制造产品而采用外包制造的形式属于生产制造型结盟。

6. (D)【题解】异业结盟未包含企业间相互牵制。

7. (A)【题解】联合采购和投资设厂皆属于生产制造型结盟。

8. (A)【题解】不同产业提出营销方案属于异业结盟。

9. (D)【题解】打击结盟企业并非异业结盟的好处。

10. (D)【题解】彼此人员调换并非异业结盟的必要步骤。

11. (D)【题解】不同产业的合作称为异业结盟。

12. (B)【题解】根据 Yoshino 和 Rangan（1995）的定义，潜在冲突性高，组织间互动程度低为异业结盟。

13. (A)【题解】不同产业间推出共同的营销方案为营销型结盟。

14. (B)【题解】不同产业间的合作属于异业结盟。

15. (D)【题解】异业结盟产业背景不具同构性。

16. (B)【题解】航空公司进行垂直异业结盟需为不同产业，且和机位销售服务整合，故（B）最适合。

17. (D)【题解】增加员工流动率并非异业结盟的动机。

18. (C)【题解】优先选择异业结盟对象的条件需具备可互补的资源，（C）较为可能。

19. (A)【题解】不同产业间提供人才为人力资源结盟。

20. (B)【题解】（A）信息结盟；（C）物流结盟；（D）技术结盟。

21. (B)【题解】结盟伙伴间要有一致的组织文化而非互补的组织文化。

22. (C)【题解】超市及高铁属异业，为运输业与渠道业者的合作。

23. (D)【题解】此种合作目的为取得足够的人力资源。饭店获得人力，学校为学生取得在业界实习的机会。

24. (A)【题解】是异业合作，但非制贩同盟，花旗并非渠道业者。

25. (C)【题解】为同产业但不同功能，以达成共同目标，具有产业链上下游关系的合作模式。

26. (C)【题解】旅行业和发卡银行的客户群是同一群体，两家厂商合作时仅是功能上不同，发卡银行通过认同卡可达到增加新客群的效益。

27.（B）【题解】取得互补性资源是促进合作联盟产生的主因，旅游业者往往是为了取得营销资源。

28.（D）【题解】技术交换只是其中一种形式，亦可为营销、服务等资源的交换。

29.（D）【题解】La New 下的国民旅游卡门市为垂直式营销系统的实例。

30.（B）【题解】连锁方式是最标准的水平整合的多角化。

31.（B）【题解】异业合作考虑方向与对方的商品类别及价格无关。

32.（C）【题解】产品或服务联盟：某公司授权其他公司生产产品或共同营销成员公司的互补性产品或新产品。促销联盟：某公司同意为其他公司的产品或服务促销。物流联盟：某公司为其他公司提供物流服务。定价合作：数家公司共同参与特殊定价的合作。（A）促销联盟；（B）物流联盟；（D）价格定位联盟。

33.（A）【题解】异业合作的优势为创造综效、降低风险、提升组织学习效果、提高进入障碍。

34.（D）【题解】通过与异业的合作，战略性地将产品、品牌或商标置入电视节目、电影、音乐录像中，将商品与生活形态进行结合，以和缓的方式与消费者进行说服性的沟通，即为置入式营销。

35.（C）【题解】LV 与村上隆的合作主要为了在不破坏 LV 原有的尊贵品牌形象下，开发新产品以吸引年轻客群。

36.（D）【题解】延伸品牌的证据与迪士尼品牌联想间的相对一致性程度是迪士尼应考虑的因素，以免造成消费者的混淆。

37.（D）【题解】创意人才是否为有益的资源，得视双方是否均以创意或创新为战略目标并具有创新的组织文化而定。

38.（D）【题解】旅行社为产业分销者，进入障碍低，其角色在一级渠道中不存在。

39.（A）【题解】中心卫星工厂为生产后勤资源的交换。

40.（C）【题解】（C）是进行长期异业结盟的正确做法，其余选项仅是通过广告、代言、赞助等方式试图诱导消费者，并未从产品本身着手，即使一时吸引重视流行时尚的消费者，也是重视短期绩效而非长期的做法。例如，PUMA 运动鞋。

41.（C）【题解】异业联盟初期如能提升阶段性绩效，即可达成目标，长期绩效并非首要考虑。

第十章　其他议题(目的地营销、会展营销MICE等)

1. 中国台湾地区的"大甲妈祖绕境进香活动"是每年中国台湾大甲地区的高潮重头戏，吸引众多国内外旅游客参与。此旅游活动属于_____。

A. 宗教文化旅游 　　　　　　　　B. 学习型文化旅游

C. 生活形态文化旅游 　　　　　　D. 以上皆非

2. 下列哪一项违背生态旅游的发展原则？

A. 应为当地小区及自然生态，带来长期的环境、社会及经济利益

B. 应事先规划完整的区域旅游及游客管理计划

C. 重视发展规模，强调经济效益

D. 将旅游收益用于保育及管理当地自然生态

3. 下列哪一项属于"黑暗旅游"的景点？

A. 大甲镇澜宫 　　　　　　　　　B. 墨西哥洞穴探险

C. 波兰—奥斯维兹死亡集中营 　　D. 非洲狩猎活动

4. 各国家或各城市的旅游局为鼓励企业到该地举办奖励旅游，经常采用下列哪一项手法？

A. 提供包机服务、广告宣传、赠品、餐食、住宿、景点等补助

B. 补贴团费

C. 官方迎接、迎宾活动、免费导览

D. 以上皆是

5. 某大型上市的餐饮集团旗下有多个不同品牌名称的餐厅销售不同类型的餐点。这属于下列哪一种发展战略？

A. 集中型多角化战略 　　　　　　B. 国际化战略

C. 低成本战略 　　　　　　　　　D. 整合发展战略

6. 下列哪一项不是MICE产业的一环？

A. 一般会议 　　　B. 奖励旅游 　　　C. 大型会议 　　　D. 生态旅游

7. 2013年8月，青岛举办第五届国际帆船周活动，这属于MICE产业中的哪一环？

A. 一般会议　　　　　B. 奖励旅游　　　　　C. 大型会议　　　　　D. 赛会活动

8. 会议展览（MICE）产业，目前正在许多先进国家茁壮萌芽发展。假如你是被公司指派推动 MICE 业务的旅行业营销人员，下列哪一项不是重点？

　　A. 争取国外直销、保险业的顶级业务团来中国奖励旅游

　　B. 对于来中国旅游的贵宾，应将重心放在安排精致旅游行程上

　　C. 找会议顾问公司、专业展览公司与营销整合公司合作执行

　　D. 了解中国境内的相关法规与补助规定

9. 为了增加赛会活动内涵与经济效益，2012 伦敦奥运筹办委员会，在奥运会举办前夕，在格拉斯哥（Glasgow）举办奥林匹克科学大会。这是 MICE 中的_____。

　　A. M　　　　　　　　B. I　　　　　　　　C. C　　　　　　　　D. E

10. 在 MICE 产业中，奖励旅游是指_____。

　　A. M　　　　　　　　B. I　　　　　　　　C. C　　　　　　　　D. E

11. 运动休闲产业在欧美等先进经济体中占有极高产值。如中国要发展以运动休闲为主的 MICE 产业，下列哪一项不是相关专业人才的必要条件？

　　A. 会展相关运动技术能力　　　　　　　B. 会展产业营销能力

　　C. 会展服务公关能力　　　　　　　　　D. 会展活动企划能力

12. 广州市举办迎春花市节庆活动，如果想将此节庆旅游活动增加 MICE 的元素，下列哪一种活动最适合？

　　A. 种花赏花活动　　　　　　　　　　　B. 花卉国际研讨会及花卉手工艺展览

　　C. 农村深度文化体验　　　　　　　　　D. 各族歌曲及舞蹈比赛

13. 中国如要办好会展旅游，其成功的关键在于_____。

　　A. 参与人数的多少　　　　　　　　　　B. 会议中心及展馆气派新颖

　　C. 相关目标设定的正确性　　　　　　　D. 门票的价格及分销渠道

14. 中国在飞速发展经济的同时，越来越注重通过健康娱乐、运动休闲来调剂都市快节奏的生活，中国的"运动休闲"市场正呈直线上升趋势，以往在北京、上海、广州等许多大城市举办运动用品展时，都会吸引许多国外业者与同好前来参展或订购。这是 MICE 中的_____。

　　A. M　　　　　　　　B. I　　　　　　　　C. C　　　　　　　　D. E

15. 成立于 1963 年，遍及全球 87 国，超过 900 家企业会员，专门以负责目的地营销与会议举办为主的协会为_____。

　　A. IATA　　　　　　　B. ICCA　　　　　　C. PATA　　　　　　D. UNWTO

16. 近年各级政府大力争取大型运动赛会到所辖地区举办，如奥运会等。这是下列哪一种战略？

A. 目的地营销 　　　　　　　　　　　　B. 代言

C. 想赚巨额门票收入 　　　　　　　　　D. 提升运动风气

17. 新西兰的自然景观及运动文化，使其成为全球知名的"冒险性运动天堂"，其他地区极难模仿。此种现象称为_____。

A. 月晕效应 　　　　B. 运动营销 　　　　C. 集客效应 　　　　D. 目的地品牌

18. 澳洲大堡礁为爱好潜水运动者的天堂，对于一般观光客亦极具吸引力。昆士兰旅游局曾于 2009 年举办"世界最棒工作"选拔，吸引了全球媒体目光，带动大堡礁观光客逐增。此活动的成功能长久维持的主要原因为_____。

A. 选大堡礁作为昆士兰及澳洲的意象极为正确

B. 昆士兰旅游局所提供的薪资确实能找到文笔极佳的代言人

C. 当时为旅游淡季，并无重大旅游新闻

D. 澳洲本就是国际游客造访人数最多的国家，旅游资源丰富

19. 好的目的地营销，应具备可及性、旅游景点（吸引力）、活动、附属组织、可选择的套装行程等要素。根据上述描述，你认为知名的 Susi Madron's Cycling for Sofities 自行车旅游公司，设在哪里最好？

A. 法国 　　　　　B. 中国 　　　　　C. 美国 　　　　　D. 英国

20. 下列目的地的概念要素中，不包括哪一项？

A. 可供选择的套装行程 　　　　　　　B. 可接近性

C. 景点 　　　　　　　　　　　　　　D. 康乐设施

21. 某组织的主要任务之一是在营销范畴上，提升特定旅游观光目的地的市场能见度。此种组织称为_____。

A. 旅行社 　　　　　　　　　　　　　B. 目的地营销组织

C. 公会组织 　　　　　　　　　　　　D. 财团法人

22. 下列哪一项为建立目的地品牌的好处？

A. 有助于建立产品或服务形象并提升可见度

B. 有助于加强消费者与销售旅游经验媒体对目的地的意象，并增加其声望

C. 有助于目的地与竞争对手做出区隔

D. 以上皆是

23. 下列对于目的地营销组织的描述，哪一项不正确？

A. 可以提升目的地的旅游形象

B. 可以控制游客选择何处做旅游目的地

C. 可以包含公共部门、私人部门与非营利组织

D. 需要与其他不同组织共同合作

24. 下列哪一项是从事目的地营销的主要组织？

A. 民营事业　　　　B. 政府部门　　　　C. 非营利旅游协会　　D. 以上皆是

25. 纽约协会组织与旅游局于 20 世纪 70 年代形成的"大苹果"（Big Apple），以及纽约州亦发展出"我爱纽约"（"I love New York"）口号，这些属于什么活动？

A. 市场竞争活动　　　　　　　　　　　B. 政治宣传活动

C. 目的地品牌化　　　　　　　　　　　D. 以上皆非

【章节详解】

1.（A）【题解】宗教文化旅游。此类的旅游主要指那些参观宗教圣地、参与宗教仪式的旅游活动。宗教旅游是最古老的旅游形态，教徒为了宗教上的寄托与满足，不惜千里跋涉拜访宗教圣地。

2.（C）【题解】生态旅游发展中，经济效益并非重点。

3.（C）【题解】黑暗旅游（Dark Tourism）一词首先由 Foley 与 Lennon 两位学者于 1996 年提出，定义为一种旅客参访与消费真实或商业化的死亡与灾难地点的旅游形态。Seaton（1996）也提出类似的名词称为死亡旅游（Thanatourism）。

4.（D）【题解】企业举办奖励旅游，当地旅游单位可提供的手法包括机票与食宿补助、补贴团费、导览与活动参与等方式，故皆为可行的选项。

5.（A）【题解】若是新产品的开发技术与现有产业科技有关联，营销系统与现有产业营销系统有关联，故不论在科技上或营销系统上均较集中力量，称为集中式多角化战略。该集团各品牌均利用相近的营运模式，故为集中式多角化。

6.（D）【题解】MICE 是指：一般会议（Meetings），奖励旅游（Incentives），大型会议（Conventions，亦有作 Conferences），展览（Exhibitions，亦有作赛会活动 Events）。

7.（D）【题解】MICE 是指：一般会议（Meetings），奖励旅游（Incentives），大型会议（Conventions，亦有作 Conferences），展览（Exhibitions，亦有作赛会活动 Events）。

8.（B）【题解】对 MICE 产业的访客而言，其旅游仅是顺道旅游。故应以原本的会展活动为主，旅游为辅，才能长久经营。

9.（C）【题解】MICE 是指：一般会议（Meetings），奖励旅游（Incentives），大型会议（Conventions，亦有作 Conferences），展览（Exhibitions，亦有作赛会活动 Events）。

10.（B）【题解】MICE 是指：一般会议（Meetings），奖励旅游（Incentives），大型会议（Conventions，亦有作 Conferences），展览（Exhibitions，亦有作赛会活动 Events）。

11.（A）【题解】如果想要发展运动休闲 MICE 产业，实务规划、操作与接待能力极为必要，因此（B）、（C）、（D）三项能力极为重要。如能具备相关运动技术固然更佳，但并不是发展该产业的必要条件。

12.（B）【题解】只有（B）符合 MICE 产业的意义。

13.（C）【题解】根据《休闲事业营销管理》一书（王俊人、高俊雄、刘吉川，2010），其成功的关键除相关目标设定的正确性外，还有能否有效提高与会者生意成交的机会，以及得到预期的信息。（A）、（B）、（D）三项并不是绝对重要。

14.（D）【题解】MICE 是指：一般会议（Meetings），奖励旅游（Incentives），大型会议（Conventions，亦有作 Conferences），展览（Exhibitions，亦有作赛会活动 Events）。

15.（B）【题解】IATA：International Air Transport Association；ICCA：International Congress Conference Association；PATA：Pacific Area Travel Association；UNWTO：World Tourism Organization。

16.（A）【题解】题目中所描述情况主要为目的地营销，（C）、（D）为次要目的或战略。

17.（D）【题解】当建立目的地品牌后，旅游客便可分辨旅游产品的生产国家或地区，山寨型产品不易模仿。

18.（A）【题解】目的地的意象塑造，是目的地营销成功的主因。重赏出勇夫与新闻话题性或许有一时效果，但成功的意象结合才是主因。

19.（A）【题解】法国位于欧洲交通便利的地区，拥有全球最多国际旅游客，有超过一个世纪的环法自行车赛历史，以及具有吸引力的古堡、美食、酒庄、地中海型气候和丰富多样的活动。

20.（D）【题解】目的地的概念 6A 要素：Available Packages 可供选择的套装行程；Accessibility 可接近性（或称渠道如交通网络及基础设施）；Attractions 景点；Amenities 康乐设施（如住宿设施、餐饮业、娱乐设施、零售业等）；Activities 活动；Ancillary Services 相关附属服务（如地方组织）。

21.（B）【题解】目的地营销组织主要任务之一是在营销范畴上，提升特定旅游观光目的地的市场能见度。

22.（D）【题解】建立目的地品牌有助于建立产品或服务形象并提升可见度，有助于加强消费者与销售旅游经验媒体对目的地的意象，并增加其声望，更有助于目的地与竞争对手做出区隔。

23.（B）【题解】旅游目的地营销组织的目的并非控制顾客对于目的地的选择，但必须与其他组织合作，以创造旅游目的地形象。

24.（D）【题解】民营事业、政府部门、非营利组织都可以是旅游目的地营销的关键单位。

25.（C）【题解】目的地品牌化的过程试图使得旅游目的地在旅游宣传操作上如品牌一般，因此常会对应特定的品牌标语。

全国营销专业能力考试项目暨海峡两岸营销专业能力考试项目简介

一、项目背景

为贯彻《国务院关于深化流通体制改革加快流通产业发展的意见》(国发〔2012〕39号)中关于"大力培养流通专业人才"的精神,落实《教育部关于充分发挥行业指导作用推进职业教育改革发展的意见》(教职成〔2011〕6号)中关于"使学生在取得毕业证书的同时,获得相关专业的职业资格证书和行业岗位职业能力证书"的要求,商业国际交流合作培训中心和中国国际商会商业行业商会从2013年起组织实施全国营销专业能力考试项目。

为加强海峡两岸人员交流和资格互认等方面的合作,促进海峡两岸专业人才和专业服务的双向流动,中国国际商会商业行业商会在全国营销专业能力考试项目开展的基础上,与台湾行销科学学会建立战略合作关系,并从2014年起组织实施海峡两岸营销专业能力考试项目。海峡两岸营销专业能力考试项目采取海峡两岸统一教材、统一大纲、统一题库、统一考试和统一证书颁发的模式。

二、考试对象

(一)学习市场营销、工商管理、旅游管理、酒店管理等专业的学生。
(二)从事营销策划、旅游营销等相关专业工作的从业人员。

三、专业方向

设置营销策划和旅游营销两个专业方向。

四、考试科目

(一)营销策划专业方向设置《营销管理概论》和《营销策划实务》两个考试科目。
(二)旅游营销专业方向设置《营销管理概论》和《旅游营销实务》两个考试科目。

五、证书颁发

（一）参加营销策划专业方向考试合格，颁发由商业国际交流合作培训中心和中国国际商会商业行业商会共同用印的《全国营销专业能力证书》（专业：营销策划师），同时颁发由中国国际商会商业行业商会和台湾行销科学学会共同用印的《海峡两岸营销专业能力证书》（专业：营销策划师）。

（二）参加旅游营销专业方向考试合格，颁发由商业国际交流合作培训中心和中国国际商会商业行业商会共同用印的《全国营销专业能力证书》（专业：旅游营销师），同时颁发由中国国际商会商业行业商会和台湾行销科学学会共同用印的《海峡两岸营销专业能力证书》（专业：旅游营销师）。

（三）证书可在中国国际商会商业行业商会官方网站（www.ccpitedu.com）和台湾行销科学学会官方网站（www.tims.org.tw）查询。

六、主办单位简介

（一）商业国际交流合作培训中心成立于 2002 年，是经中央机构编制委员会办公室批准成立的司局级中央事业单位，先后隶属于国家经济贸易委员会和国务院国有资产监督管理委员会。

（二）中国国际商会商业行业商会成立于 1988 年，是经中国国际贸易促进委员会批准设在商业行业的国际商会组织，同时使用"中国国际贸易促进委员会商业行业分会"的名称。中国国际商会商业行业商会（中国国际贸易促进委员会商业行业分会）代表中国加入亚洲营销联盟（Asia Marketing Federation，AMF），同时也是全球华人营销联盟（Global Chinese Marketing Federation，GCMF）的发起成员。

（三）台湾行销科学学会成立于 2004 年，是经台湾内政主管部门批准成立的专业团体，其宗旨是结合营销学术理论与企业实务的应用，提供专业营销研究成果与经营管理的科学方法，培育企业营销研究发展所需的专业人才。台湾行销科学学会代表中国台湾地区加入亚洲营销联盟（Asia Marketing Federation，AMF），同时也是全球华人营销联盟（Global Chinese Marketing Federation，GCMF）的发起成员。

七、联系方式

中国国际商会商业行业商会

地　　址：北京市西城区复兴门内大街 45 号（100801）

电　　话：010-66094064　66094065（兼传真）

网　　站：www.ccpitedu.com

电　　邮：ccpitlyp@163.com